KÄRLEK

KAN

BARA

ÄLSKAS

FRAM

Med lärjungarnas ögon

Berättelser

OM OCH AV JESUS

Ingrid Emanuelson

Omslagsbild: Maria Emanuelson

Omslagsutformning: Erik W Graver och Per Hardestam

Förlag och tryck: BoD

ISBN: 978-91-7463-875-2

Innehållsförteckning

Förord   5

Petrus   9

Judas   15

Johannes   25

Maria Magdalena   31

Tomas   37

Upprättelse för Petrus   43

Jesus lämnar dem   52

Den heliga Ande   53

Tid till eftertanke   56

    Uppdraget
    Kärlek kan bara älskas fram

Mer eftertanke   63

    Allas lika värde
    Vem är min nästa?

Lärjungarna fortsätter att minnas   74

    Guds rike eller himmelriket

Lärjungarna minns mer 83

    Om regler
    Att växa som människa

Fler minnen och tankar 92

    Att gå vilse
    Börja på nytt

Ännu flera minnen 110

    Att hitta rätt i livet
    Inte släppa målet ur sikte
    Alla är lika viktiga

Maria minns 119

Till sist 127

Förteckning över bibelberättelser 129
som det berättas om i de olika
kapitlen och med uppgift om var
de står att läsa i bibeln

Överensstämmelse mellan 138
samhällsmål och berättelser om
och av Jesus

Förord

Målgruppen för berättelsesamlingen är i första hand tonåringar och unga vuxna och andra, som saknar eller vill öka sin kunskap om bibelberättelserna om Jesus.

Berättelsesamlingen kan ses som utgångspunkt för att bli förtrogen med en grundstomme av berättelser om Jesus insatta i ett sammanhang.

Den i vår kultur i särklass viktigaste stora berättelsen har hittills varit Bibeln. Ända in i vår tids litteratur är spåren efter Bibeln rikligt förekommande. De värden vårt samhälle vilar på emanerar ur Bibelns berättelser och då särskilt de om Jesus i de fyra evangelierna. Det har i århundraden legat i vårt samhälles intresse att varje generation får ta del av dem.

Bibelberättelserna har genom seklerna haft sin givna roll som språkredskap för att tolka och reflektera kring livet och skapa mening. Bibelberättelserna har haft betydelse som fundament i vårt samhälle. De har i ett millenium fått utgöra en bärande balk. De har fortfarande betydelse och kan ha en positiv sådan i framtiden också, för vilket samhälle vi får. Under förutsättning att de berättas vidare, hålls levande, befriande och upprättande.

Det berättelseperspektiv som valts för denna berättelsesamling är inlevelse- och upplevelse-perspektivets, det vill säga hur människor runt Jesus skulle kunna tänkas ha upplevt sitt möte med honom, alltså ett existentiellt perspektiv, utifrån berättelser ur de fyra evangelierna som grund.

Utgångspunkt för berättelsesamlingen är berättelserna om påskveckans händelser ur lärjungarna Petrus, Judas, Johannes, Marias och Tomas perspektiv och deras plötsligt uppdykande minnesbilder. Dessa berättelser får bilda förståelse-horisont för den aktuella händelseutvecklingen fram till pingstdagen som höjdpunkt.

Därefter följer berättelser om dessas och de övriga lärjungarnas tid tillsammans med Jesus i form av deras hågkomster och tillbakablickar på upplevelser och händelser, som de berättar för varandra. Detta gör de för att dels förstå vad de varit med om och dels för att reflektera över, hur de ska förstå och gå vidare med det budskap och det uppdrag de fått.

Berättelsesamlingen är att se som ett didaktiskt utflöde av det forsknings- och utvecklingsarbete utifrån narrativ teologi, som under många år bedrivits vid Karlstads universitet kring berättelse- och kulturreproduktion.

Berättelserna har inte försetts med några illustrationer trots att vi lever i en bildflödets tidsålder. Förhoppningen är att frånvaron av sådana i kombination med berättelsesättet ska främja uppbyggandet av egna, inre bilder och möjliggöra en djupare bildupplevelse.

Vanligtvis har berättelsesamlingar vänt sig till barn i förskole- och skolåldern. Denna berättelsesamling vänder sig till åldersspannet därefter, alltifrån sena tonåren till obegränsad ålder uppåt.

Berättelsesamlingen kan ses som en introduktion till att läsa vidare i bibeln. Den kan också ses som en kortfattad framställning i berättelseform av det budskap om kärlek, medmänsklighet och allas lika värde som Jesus gett oss genom sitt liv, sina ord och sina handlingar.

Längst bak i boken finns dels en förteckning över bibelberättelser som det berättas om i de olika kapitlen, dels en skiss på överensstämmelsen mellan Samhällsmål så som de anges i Läroplan för grundskolan (Lpo 2011) och Berättelser om och av Jesus.

Jag är stort tack skyldig först och främst mina två barnbarn, Frida Olsson och Hanna Emanuelsson för den inspirationskälla de kommit att utgöra för mig för att färdigställa denna berättelsesamling.

Jag vill också tacka alla som läst manus under resans gång och kommit med kommunikativa synpunkter på texten. Som representant för fackkunskapen vill jag då främst tacka Christina Osbeck, religionsdidaktiker, fil.dr och docent vid Karlstads universitet och som representant för skolan, gymnasielärare Bengt Kihlström och som representant för kyrkan, musiker och pedagog Kerstin Andeby.

Ett särskilt tack för läsning, synpunkter och redigeringsförslag inte minst praktiska sådana går till Hanna Emanuelsson och Frida Olsson, Maria Emanuelson och Charlotte Emanuelsson.

En drivkraft för mig har också varit att denna skrift skall finnas tillgänglig inför uppstarten av Bibelberättelsernas Hus i Karlstad i och med den första iscensättningen av en bibelberättelse, berättelsen om Den förlorade sonen i ett projektsamarbete mellan Västanå teater och Svenska kyrkan i Karlstad, Norrstrands församling och med stöd av Karlstads stift och ett kulturstipendium av Svenska kyrkan på riksnivån.

Karlstad februari 2013

Ingrid Emanuelson
teol.dr och docent

> *"Jag skall ge mitt liv för dig."*

> *"Tuppen skall inte gala förrän du tre gånger har förnekat mig."*

Petrus

Vad har han gjort? Hur gick det här till? Petrus känner hur paniken rullar in över honom. Tiden stannar. Han får svårt att andas. Hans ensamma förtvivlan känner inga gränser. Det här får bara inte ha hänt.

Han som hade försäkrat om och om igen: "Mig kan du lita på. Jag sviker dig inte! Om så alla andra skulle överge dig, så inte jag. Nej!"

Men nu – nu har det hänt! Och inte bara en gång har han gjort det. Nej, tre gånger har han fått frågan och tre gånger har han svarat: "Jag känner inte den mannen" och igen " Jag känner inte den mannen." och ännu en gång "Jag känner inte den mannen." Han förstår det inte själv. Hur kan han som nyss varit så säker svika den som betyder mest för honom? Förneka att han ens känner honom? Men - allt har i ett slag blivit så overkligt. Det som inte skulle kunna hända har hänt. Det är som om verkligheten har förvandlats till overklighet, ja, till en mardröm.

Det hade börjat med att översteprästernas tempelvakter med Judas i spetsen hade kommit emot Jesus. Så hade Judas kysst Jesus. Sedan hade tempelvakterna kastat sig över Jesus och hållit fast honom.

Blixtsnabbt hade Petrus dragit sitt svärd och riktat ett slag mot en av de män, som höll fast Jesus. Mannen hade gett upp ett vrål, släppt sitt grepp och tryckt sin hand mot sitt högra öra, som nästan skurits av.

Petrus hade varit i full färd med nästa slag, när Jesus hade hejdat honom med orden: "Stick tillbaka ditt svärd. Alla som griper till svärd skall dödas med svärd." Sedan hade Jesus sträckt ut armen och rört vid mannens öra och gjort honom hel igen.

Till Judas hade Jesus sagt: "Judas, förråder du mig med en kyss?"

Till männen, som dragit ut för att gripa honom, hade Jesus sagt: "Som mot en rövare har ni gått ut med svärd och påkar. Dag efter dag var jag hos er i templet, och ni lyfte inte er hand emot mig. Men detta är er stund, nu har mörkret makten."

Sedan hade alla lärjungarna övergett Jesus och flytt, utom han själv och Johannes. De hade följt efter på avstånd, när vakterna dragit iväg med Jesus till översteprästen Kaifas palats, där Stora rådet med överstepräster, skriftlärda, fariséer och äldste hade samlats.

Det hade varit sent på kvällen, när Jesus arresterades, men ändå en hel del folk i rörelse, eftersom påskhögtiden stod för dörren.

En och annan, som mött vakterna med den fängslade Jesus, hade förstått, att någonting var i görningen och slutit upp bakom dem för att se vad som var på gång.

Någon hade försökt ställa frågor. Någon hade försökt sig på en protest. Men de hade bara bryskt blivit fösta åt sidan av vakterna, som med raska steg med Jesus mellan sig, banat sig väg fram till Kaifas palats.

Petrus hade blivit stående utanför bland de andra, som följt efter. Först hade han hållit sig i bakgrunden, lite avvaktande, förvirrad och undrande över vad som nu skulle hända.

Spekulationerna bland människorna på gården utanför, om vad översteprästerna menade med att arrestera Jesus, hade efterhand blivit allt vildare. Och i takt med det hade Petrus känt sig allt sämre till mods.

Hade det inte varit för att kylan kommit krypande, och att man tänt en eld på gården för att värma sig vid, så hade Petrus blivit kvar i skymundan. Men kylan hade drivit honom fram till elden.

Väl därframme hade skenet från elden kommit att falla på hans ansikte samtidigt som en tjänsteflicka tittat åt hans håll. Efter en stunds ihärdigt stirrande hade hon pekat på honom och sagt: "Han där var med Jesus, när han greps".

Plötsligt hade Petrus känt, hur allas blickar riktats mot honom. I ett skräckens ögonblick hade han känt sig både angripen och försvarslös och snabbt försäkrat: "Nej, jag känner inte den mannen."

Strax efteråt hade en annan tyckt sig känna igen honom och sagt: "Visst är väl du en av Jesu lärjungar, eller hur?" Men Petrus hade med hetta upprepat: "Nej, det är jag inte. Jag känner inte den mannen."

Samtalet runt elden hade flutit vidare. En timme hade gått. Plötsligt hade ännu en man kommit fram till Petrus och betraktat honom ingående och därefter riktat sig till de omkringstående och sagt: "Visst var väl han där tillsammans med Jesus, och han är ju från Galiléen precis som han. Det både syns och hörs."

Men Petrus hade ännu en gång försäkrat: "Jag förstår inte vad du menar. Jag känner inte den mannen."

Och just som han sagt det, hade porten
till palatset öppnats och tempelvakterna
kommit ut med den fängslade Jesus
mellan sig för att föra honom vidare till
den romerske landshövdingen Pilatus. En
tupp hade galt och Petrus hade mött Jesu
blick.

Då, i den stunden, är det som om han vaknar upp. Han
minns,

hur han tidigare på dagen sagt till Jesus
att honom, Petrus, kunde Jesus alltid lita
på vad som än hände.

Han minns,

hur Jesus då svarat: "Sannerligen, redan i
natt, innan tuppen har galt två gånger,
skall du tre gånger ha förnekat mig."

Nu hör han en tupp gala för andra gången. "Nej, nej,
det får inte vara sant". Petrus går därifrån och gråter
bittert.

"Han måste vara den Messias vi har väntat på."

"Hosianna! Välsignad är han som kommer i Herrens namn."

"Korsfäst! Korsfäst!"

Judas

Men vad är nu detta? Det är ju inte så här han har tänkt sig det. Judas står i den jättelika folkmassan utanför Pilatus, den romerske landshövdingens, palats. Och – det är ju inte det här som skulle hända, om han hjälpte dem genom att peka ut Jesus.

Han hade ju tänkt att det skulle vara bra om Jesus fick framträda inför översteprästerna i Stora rådet. Den man som han hade haft kontakt med hade ju sagt att rådet ville träffa Jesus för att höra vad han menade.

Själv hade Judas tänkt, att om de bara fick lyssna på Jesus och höra vad han hade att

15

säga, skulle de inse, att han var hela folkets räddare, undan både romarnas förtryck och de orättvisor och lidanden som de själva utsatte varandra för, ja, att han var den Messias de alla väntade på. Han, Judas, ville bara hjälpa till. Det gick så långsamt. Den nye ledaren var ju här. Det gällde bara att få alla att förstå det.

Han minns en annan folkmassa.

Det var på andra sidan Gennesarets sjö. Jesus hade talat till alla som hade samlats. Han hade talat om livets mening och mål och hur man skulle leva tillsammans på bästa sätt. Det hade blivit sent. Människor var hungriga. De var långt från alla möjligheter att skaffa sig mat. Han kunde se framför sig den lilla pojken, som så förtroendefullt lämnat ifrån sig sin matsäck till Jesus. Det var fem bröd och två fiskar. Jesus hade välsignat dem. Lärjungarna hade delat ut. Alla hade fått att äta. Det hade blivit som ett riktigt "dela med sig"-under. Det hade till och med blivit över. Människornas entusiasm hade inte vetat några gränser. "Detta måste vara den räddare, den frälsare, den Messias, vi har väntat på, han som vi hoppas ska befria oss från romarna, låt oss göra honom till vår ledare", hade man sagt till varandra.

Själv hade han erfarit en känsla av triumf stiga upp i bröstet och nästan spränga honom i bitar av glädje. Äntligen! Nu var stunden inne.

Men – var fanns Jesus? Ingenstans stod han att finna. Vart hade han tagit vägen? Borta! Han hade gått sin väg. Han hade gått därifrån. Judas begrep ingenting. Men han mindes den oerhörda känslan av besvikelse. *Varför* hade han gått?

Sorlet i den folkmassa han nu står i har stigit. Stämningen är uppretad. Så kommer Pilatus ut och säger att han tänker frige Jesus: "Jag kan inte finna honom skyldig till något. Det är dessutom sed att jag friger någon åt er vid påsken." Och han frågar dem, om de vill att han ska frige Jesus, som de hyllat och sett upp till? Eller ska han frige Barabbas, känd som upprorsmakare, tillhör seloterna och vill förändra med våld?

Svaret på Pilatus fråga tycks given. Men till sin förskräckelse hör Judas massan ropa: "Släpp Barabbas fri!"

Efter en stund låter Pilatus föra ut och visa upp Jesus för folkmassan. Det syns, att han har blivit slagen och misshandlad av sina fångvaktare. Av törnen har de vridit ihop en krans och tryckt ner på hans huvud, så att taggarna sticker in i pannan och kommer blodet att rinna nerför hans ansikte.

Törnekronan är i stället för den kungakrona som folket tidigare har velat se på hans huvud. Den röda manteln över hans sargade kropp är i stället för den kungamantel folket velat ge honom. Vilket hån!

Pilatus låter folkmassan välja en gång till. Ska han frige Jesus eller Barabbas.

Pilatus säger: "Här är mannen!"

Svaret han får, är ett rungande:

"Korsfäst! Korsfäst!"

Judas minns plötsligt en annan folkmassa.

> Då hade Jesus blivit hyllad av folket som deras tilltänkte konung. Vilket jubel!

Det var fem dagar tidigare. Jesus och lärjungarna var på väg mot Jerusalem för att fira påsken. Många människor hade strömmat till med palmkvistar i händerna och ropat: "Hosianna! Välsignad vare han som kommer i Herrens namn, han som är Israels konung!"

Jesus hade bett några av sina lärjungar att skaffa fram en åsna åt honom att rida på. Så hade han ridit in i Jerusalem under Hosianna-rop och människorna hade viftat med palmkvistar för att hylla honom. Ja, en del hade till och med brett ut sina mantlar på vägen, där han red fram. Vilken triumf!

Judas hade förstås inte riktigt begripit, varför han tvunget skulle rida på en åsna och inte en häst. Kungar brukade ju rida på en häst.

Väl framme vid templet i Jerusalem hade Jesus gått in på yttre tempelgården, tätt följd av sina lärjungar och alla människor som han hade i släptåg. Han hade sett sig omkring. Han hade sett på alla dessa köpmän, som var fullt upptagna med att växla pengar och sälja varor. Det var varor, som översteprästerna inbillat människorna att de var nödvändiga för att hylla Gud. Köpmännen gjorde stora vinster på växlingen och försäljningen.

Vinsterna delade de sedan med översteprästerna. Det var som att templet höll på att förvandlas till en marknadsplats i stället för att vara en plats för samtal och möte med Gud.

Då hände något, som Judas hade trott var början till att Jesus skulle ta makten. Jesus välte några marknadsstånd och ryckte till sig en piska, som han drev bort köpmännen med. Vilket liv, vilket kaos, det hade blivit. Och så hade Jesus sagt: "Står det inte skrivet: 'Mitt hus ska kallas ett bönens hus för alla folk? Men ni har gjort det till ett rövarnäste.'"

Översteprästerna, som styrde över templet hade blivit mycket upprörda. Men också rädda. Rädda för att detta kunde vara början på ett uppror som romarna, som bestämde över alla i landet, skulle slå ner och som skulle kunna äventyra deras egen makt.

Folkets entusiasm var däremot inte att ta miste på. En del barn hade till och med ropat: "Hosianna, Davids son!", något som kom att påminna om den gamla goda tiden, då deras egen kung David styrde i landet, då långt innan romarna ockuperat deras land.

Men något övertagande av makten hade det inte blivit den här gången heller.

Judas minns

hur snopen han blivit. Jesus hade återigen lämnat platsen. Av det som kunde blivit startpunkten för ett uppror, hade blivit – ingenting. Jesus hade gått ut till byn Betania strax utanför Jerusalem och där hade han stannat över natten.

* * *

Men alla inom Stora rådet var inte negativa till Jesus. Det fanns särskilt en rådsherre, Nikodemus, som hade brukat smyga sig iväg till Jesus om natten, när ingen såg honom. Han hade fört långa samtal med Jesus och blivit övertygad om att Jesus var sänd av Gud.

Judas visste om det, och inom sig hade han länge burit på tanken, att om bara de andra i Stora rådet fick lyssna på Jesus så skulle de också förstå.

Men en sak förstod han inte själv. Och det var, att Jesus drog sig undan varenda gång, som folket gav uttryck för att de ville att han skulle ta makten och bli deras ledare.

Men nu har folkmassan svängt. Nu vill ingen ställa upp på Jesus längre. Åtminstone inte av dem som hörs. "Korsfäst! Korsfäst!" skallar ropen. Och högst skriker några, som Judas tycker sig känna igen från Stora rådet och några av deras medhjälpare. De står så listigt utspridda bland folket nedanför Pilatus palats. En annan grupp, som också känt sig ifrågasatta eller utmanade av Jesus, är fariséerna. Det finns gott om dem också i folkhopen.

Judas ser bort. Han är rädd att möta Jesu blick. Han känner skulden som en tung klump inom sig. Det är *han, Judas,* som har förrått honom.

Det var *han, Judas,* som hade pekat ut Jesus, när tempelvakterna skulle gripa honom.

Han känner de trettio silverpengarna bränna i fickan.

Dem hade han fått för besväret. Han hade först inte velat ta emot dem. Men de hade tryckt dem i hans hand så bestämt.

Nu känner han sig extra fastnaglad vid sin skuld, när han känner pengarna bränna i sin hand. Lurad, lurad, är, vad han känner sig. Lurad av Stora rådet att förråda Jesus.

Och hur han hade pekat ut honom. Med en kyss, till råga på allt. Men han hade ju inte menat att det skulle gå så här.

Minnet av gårdagskvällen dyker upp i hans huvud. De hade ätit tillsammans, alla lärjungarna och Jesus.

Jesus hade tagit ett bröd, tackat, brutit det i bitar, gett dem och sagt: "Tag och ät! Detta är min kropp, som blir utgiven för er. Gör detta till minne av mig!" och så hade han gett dem var sin bit av brödet. Sedan hade han tagit bägaren, tackat, gett dem och sagt: "Drick av den alla. Denna bägare är det nya förbundet genom mitt blod, som blir utgjutet för många till syndernas förlåtelse. Så ofta ni dricker av den, tänk på mig och glöm mig aldrig." Så hade bägaren gått runt till var och en av dem, tills alla fått smaka.

Det hade varit deras sista måltid förstår han nu.

Jesus hade sagt något om, att en av dem, hans lärjungar, skulle förråda honom. Judas hade känt sig utpekad, men varit så fast övertygad om att det skulle sluta bra. Han hade varit så säker på, att Stora rådet skulle inse Jesu storhet och göra honom till ledare.

Men nu – för sent – förstår han, vad han inte tidigare har förstått: att Stora rådet enbart har varit ute efter att komma åt att göra sig av med Jesus och att han själv har kommit att tjäna som deras redskap.

Han förstår också nu, varför Jesus gång på gång dragit sig undan, när folket velat utropa honom till ledare. Jesus hade inte varit ute efter att utöva makt på det sätt som han, Judas, hade tänkt sig. *Det* är den bittra sanningen. Om han bara hade velat lyssna ordentligt på vad Jesus hade sagt. Men han hade varit så fast i sina egna tankar och drömmar. Han skäms.

Skränet runtom honom har upphört. Under knuffar och hån har Jesus fösts bort av vakterna att korsfästas. Folkmassan har följt efter.

Judas står ensam kvar.

> "Där är din son.
> "Där är din mor."

> "Redan i dag skall
> du vara med mig i
> paradiset."

> "Fader,
> förlåt dem,
> de vet inte
> vad de gör."

Johannes

I folkhopen utanför Pilatus palats har också Jesu mor, Maria, stått och följt allt som skett. Fylld av sorg och förskräckelse har hon sett sin son föras ut till beskådan av folket med kronan av törne på huvudet, blodet rinnande nerför ansiktet, strimmig av piskrapp och iklädd den röda manteln. Med stigande fasa har hon hört folkmassan ropa: "Korsfäst! Korsfäst!"

Vid sin sida har hon haft två av Jesu lärjungar, dels en av de tolv, Johannes, och dels Maria Magdalena. Hennes syster och Johannes mor, Salome, har också stått där.

Nu står de nedanför hans kors på Golgata, där han hänger mellan två rövare. Bedövade av fasa har de följt det ringlande tåget av människor dit ut med Jesus i spetsen. Han har dignat under sitt kors, som han tvingats bära själv.

Men inte ens nu, när han plågas av den outhärdligaste smärta, slutar han att bry sig om andra. Den första hans omsorg riktas mot, är hans mor, som han ser stå bredvid Johannes.

Vänd till modern, säger han:

"Låt Johannes vara som en son för dig."

Vänd till Johannes säger han:

"Var som en son för min mor."

Från den stunden har hon sitt hem hos Johannes.

Till den rövare, som ber honom: "Jesus, tänk på mig, när du kommer med ditt rike", säger han:

"Sannerligen, redan i dag skall du vara med mig i paradiset."

Till och med dem, som har medverkat till hans korsfästelse, har han omsorg om. Han ber till Gud för dem och säger:

"Fader, förlåt dem, de vet inte vad de gör."

Johannes ser på kvinnorna vid sin sida, och fylls av aktning. Inte en sekund har de sviktat. Troget har de stått utanför Pilatus palats, troget har de följt med på den tunga vandringen hit ut och nu står de här, tysta och sammanbitna, till hands in i det sista. Själv är han den ende av de tolv, som har följt med hela vägen.

Men i minnet återkallar han med en ilning av obehag sitt svek i Getsemane örtagård timmarna innan tempelvakterna hade kommit och gripit Jesus.

Jesus hade dragit sig tillbaka för att be och komma till klarhet om hur han ska göra. Han hade tagit med sig tre av sina lärjungar, Petrus, Jakob och Johannes och bett dem vänta på honom, medan han själv fortsatte en liten bit längre in i örtagården. Innan han lämnade dem hade han sagt: "Min själ är bedrövad ända till döds. Stanna här och vaka." Så hade han lämnat dem.

På avstånd hade Johannes svagt kunnat höra honom be till Gud att få slippa vara med om det, som han förstod skulle komma att hända. Sedan hade han fortsatt och sagt:

"Men om jag måste gå igenom det som nu väntar mig, så låt din vilja ske."

Sedan hade Johannes inte hört mer. Han hade somnat. Han visste inte hur länge han hade sovit, när han vaknade av att Jesus kom tillbaka och ville tala med dem, men fann att de sov. Yrvaken hade Johannes tittat upp och sett Jesus stå där svettig av ångest och besviket se på dem.

Strax hade han lämnat dem igen för att fortsätta be. Efter en stund hade han återvänt för att ännu en gång finna att de sov och inte hade något att säga till honom. Det enda han hade mött var deras sömndruckna och förskräckta blickar. Han hade åter lämnat dem och kommit tillbaka, bara för att en tredje gång finna dem sovande.

Johannes skäms förfärligt, när han tänker tillbaka på det.

Men det hade varit som förgjort. Det hade varit en lång dag. Han hade bara inte kunnat hålla ögonen öppna. Och tydligen inte de andra bägge heller. Han

28

hade känt Jesu besvikelse. Och sin egen
också för den delen – över sig själv.

Sedan hade allt gått så fort.
Tempelvakterna hade kommit och tagit
Jesus tillfånga.

Och nu står Johannes här så långt från Jesus där han
hänger uppe på korset. Nu vet han att där i
Getsemane, hade varit hans sista tillfälle att tala med
Jesus.

Och Jesus hade försökt komma till tals
med honom. Han hade bett honom om en
sista tjänst. Han hade bett honom hålla
sig vaken och finnas till hands. Och vad
hade Johannes gjort? Somnat. Och när
Jesus hade velat tala med honom. Då
hade han inte haft något att säga.

Det känns bittert, nu så här efteråt.

Övergiven av sina tre närmaste lärjungar
hade Jesus i den djupaste av ensamheter
fått kämpa sig igenom sitt sista
avgörande val: att dra sig undan det som
han förstod väntade eller att stå fast vid
den sanning och rätt, godhet och kärlek,
som var hans budskap till världen.

Att ge vika för ondskan eller stå emot den med kärlek, en kärlek som inte söker sitt, det var det valet hade gällt, tänker Johannes för sig själv.

Nu hör han Jesus uppifrån korset säga: "Det är fullbordat."

Han ser honom böja ner huvudet och sluta att andas. I det ögonblicket känner Johannes det som om ett stort svart mörker rasar över honom och hotar att uppsluka honom. Han får svårt att andas. Den plötsliga tomheten slår emot honom. Känslor av kaos och panik kommer krypande. Men så här får det väl inte sluta? Vad är det som har hänt? Var detta allt? Han måste bort härifrån. Han står bara inte ut. Men benen känns tunga som bly. Han kan knappt flytta dem. Med yttersta möda tar han sig samman, fäster blicken på Jesus liksom att för alltid etsa in bilden av honom, den förkroppsligade godheten och kärleken, i sitt hjärta.

Så suckar han uppgivet, vänder sig om och går med tunga steg bort från Golgata. Han går tillbaka till det rum inne i centrum, där han vet att de andra tio närmaste lärjungarna besvikna, skrämda och försagda sitter samlade.

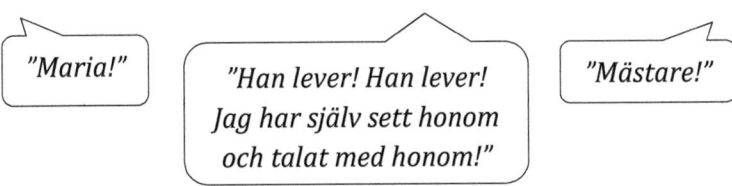

Maria Magdalena

Sabbaten, vilodagen, ska snart bryta in och efter det får inget arbete utföras. Kropparna får inte hänga kvar på korsen över helgen. Innan de ska tas ner, kontrollerar soldaterna, att de är döda. På de båda rövarna slår de sönder benen. På Jesus sticker en av dem en lans i sidan på honom.

De flesta åskådarna har nu lämnat Golgata och sökt sig tillbaka in i staden för att övergå till påskfirandet.

Bland det fåtal, som uthålligt dröjer sig kvar, finns Jesu mor Maria, Maria Magdalena och Salome.

Inte alla i Stora rådet har varit fiender till Jesus. Där finns två, som faktiskt varit lärjungar till honom, men av rädsla varit det i hemlighet. Dessa ber nu Pilatus om tillåtelse att ta hand om Jesu kropp och begrava den. Den ene av dem, Josef av Arimataia, har en klippgrav i närheten att lägga honom i.

Den andre, Nikodemus, kommer med linnebindlar att linda kroppen med. Allt görs i största hast för att det hela ska vara klart, innan sabbaten bryter in.

Maria Magdalena har stått som förstenad och följt arbetet med gravläggningen. När hon på avstånd ser männen rulla för den stora stenen för gravöppningen, är det, som om någonting brister inom henne. Tårarna börjar strömma utför kinderna. Så rädd hon är, så skräckslagen.

Hon kommer ihåg första gången hon träffade Jesus:

> Han vandrade då omkring i Galiléen, predikade, undervisade och botade sjuka. Själv hade hon varit svårt sjuk. Hon hade plågats av en ångest och en oro bortom alla gränser. Den hade Jesus botat henne ifrån. Ångesten hade ersatts av en djup frid. Hon hade blivit som en ny människa. Det hade känts som att bli född på nytt. Efter det hade hon följt Jesus på hans vandringar och blivit en lärjunge till honom. Livet hade blivit riktigt. Det hade blivit helt. Så kände hon det.

Vad hade de gjort! Hur kunde de! Maria känner vreden stiga upp inom sig. Hur kunde de ta livet av honom på detta sätt! Han som var just så som en människa borde vara.

Tårflödet tar fart. Då känner hon en arm om sina axlar och en mjuk röst säga: "Kom, Maria, vi måste gå härifrån. Vi återvänder till graven, så snart sabbaten är över och gör i ordning Jesu kropp i lugn och ro och efter alla regler." Det är Maria, Jesu mor.

* * *

Så är sabbaten över. Sorg och smärta och en djup förtvivlan har präglat den. Nu är den över. Omsorgens tid är inne. Omsorgen om Jesu kropp. Med ivriga steg skyndar de tre kvinnorna, Jesu mor Maria, Maria Magdalena och Salome, vägen till graven. Det är tidigt på morgonen, när solen går upp. De har med sig rikligt med vällluktande kryddor. Med bekymrade röster rådslår de med varandra om hur de ska få bort den stora stenen, som tillsluter graven. Men de hade inte behövt oroa sig. Till sin förundran möts de av en helt omöjlig syn. Stenen är bortrullad, graven är öppen. Förvirrade närmar de sig gravöppningen, hukar och går in.

Därinne till höger tycker de sig se en ung man sitta. Han är klädd i en lång vit dräkt. Förskräckta stirrar de tre kvinnorna på honom. Då hör de honom säga: "Var inte förskräckta. Ni söker efter Jesus från Nasaret, han som blev korsfäst. Han har uppstått, han är inte här. Se, här är platsen, där han blev lagd. Gå och säg så här till Petrus och de andra lärjungarna: 'Han går före er till Galiléen. Där ska ni få se honom, som han sagt er.'"

Då lämnar de graven och springer därifrån, darrande och utom sig.

En bit bort lugnar de sig och börjar ivrigt diskutera: 'Vad är detta? Vad är det som har hänt? Vad gör vi?'

De bestämmer, att Maria Magdalena ska gå och berätta för lärjungarna, vad de varit med om. Under tiden sätter sig de andra båda på en bänk och väntar. Med bultande hjärta och ivrigt snubblande fötter trasslar Maria sig fram genom de smala gränderna till det rum, där hon vet, att de andra lärjungarna håller till.

Stämningen i rummet är uppgiven, trött och dyster och blandad med rädsla. "Ni anar inte, vad jag har varit med om", säger hon. Och så berättar hon. Hon möts av tvivlande blickar. Det är bara i två ögonpar det tänds en gnista av vaksamhet blandad med hopp. Det är hos Petrus och Johannes. "Vi följer med dig tillbaka", säger de snabbt, "kom!"

Med Maria som vägvisare skyndar alla tre det fortaste de kan tillbaka till graven. Mannen i vitt är inte där, men de kan konstatera, att graven är tom. Det enda som finns är linnebindlarna, som Josef och Nikodemus hade lindat Jesu kropp med, och så duken, som hade täckt hans huvud. Förundran fyller de båda lärjungarna, som strax återvänder till sina kamrater. Men Maria stannar kvar vid graven.

De omtumlande upplevelserna, blandningen av sorg och undran, får tårarna att börja strömma. Som hon sitter där, kommer hon att luta sig in i gravkammaren och får då se två änglar i vita kläder sitta på den plats, där Jesu kropp har legat, en vid huvudet och en vid fötterna. Och de säger till henne: "Varför gråter du?"

Hon svarar: "De har flyttat bort min herre, och jag vet inte var de har lagt honom." När hon sagt det, vänder hon sig om och ser Jesus stå där, men hon uppfattar inte att det är han genom sin tårskymda blick.

Jesus säger till henne: "Varför gråter du? Vem letar du efter?" Hon tror att det måste vara trädgårdsvakten och svarar: "Om det är du som har burit bort honom, herre, så säg mig, var du har lagt honom, så att jag kan hämta honom."

Då säger Jesus: "Maria."

Maria reagerar direkt vid tilltalet av den välbekanta rösten och vänder sig snabbt om: "Mästare!", är det enda hon får fram.

Jesus ber henne gå till lärjungarna och säga, att han ska stiga upp till sin "fader och er fader, min Gud och er Gud."

När Maria på nytt söker upp lärjungarna är det inte med uppgift om en försvunnen kropp. Nej, det är med glädjebudet, att deras mästare lever, att hon har sett honom och talat med honom och hon berättar, vad han har sagt.

Den jublande glädjen i hennes röst och de strålande ögonen bekräftar riktigheten i hennes fantastiska och glada budskap: "Han lever! Han lever! Jag har själv sett honom och talat med honom!"

Tomas

Marias glada budskap tas emot med stor tvekan.

"Du måste ha drömt", är det flera som säger.

"Du har blivit tokig av sorg", säger andra.

"Du inbillar dig", säger några.

"Hur har *ni* lyssnat på Jesus?", säger Maria.

"Ja, jag ska ärligt erkänna", fortsätter hon,

> "att först, när sorgen överväldigade mig, så
> tänkte jag inte på, att han ju faktiskt berättat
> för oss, att han skulle dö men också uppstå. Jag
> hade inga förväntningar på att få se honom.

Därför såg jag inte först, att det var han. Men
när han sa: "Maria", då såg jag ordentligt på
honom och förstod, att det var han.

Men ni får själva se. Han lovade att uppenbara sig för
er också."

Deras misstrogna blickar bekommer inte Maria. Hon
har träffat den uppståndne. Hon vet, att Jesus lever.
Döden har inte fått sista ordet.

* * *

Redan samma dag får två andra lärjungar möta den
uppståndne Jesus. De är på väg till en by, som ligger
en mil från Jerusalem och som heter Emmaus.

De talar med varandra om allt det som har hänt.
Medan de går där och samtalar och diskuterar,
kommer en man och slår följe med dem. Men de är så
inne i sitt samtal, att de inte ser, att det är Jesus. Han
frågar, vad de samtalar om. Den av lärjungarna, som
heter Kleopas, säger då: "Du måste vara den ende,
som har varit i Jerusalem och som inte vet, vad som
har hänt där under de senaste dagarna."

När mannen då frågar, vad som har hänt, berättar de.
Till slut kommer de fram till det, som de så livligt har
diskuterat och som gjort dem så uppskakade. De
berättar, vad Maria Magdalena och de båda andra

kvinnorna har upplevt vid graven tidigt samma morgon.

Då säger mannen: "Förstår ni så lite, är ni så tröga till att tro på det, som profeterna har sagt." Och så börjar han undervisa och förklara för dem. Under tiden hinner de fram till byn. När mannen ser ut att vilja gå vidare, håller de kvar honom och säger: "Stanna hos oss. Det börjar bli kväll, och dagen är snart slut." Då följer han med dem in och stannar hos dem.

När mannen sedan ligger till bords med dem, tar han brödet, läser tackbönen, bryter brödet och ger åt dem. I samma ögonblick känner de igen honom, ser, att mannen som slagit följe med dem och är deras gäst, är Jesus. Men i nästa nu är han försvunnen.

De båda lärjungarna skyndar tillbaka till Jerusalem till de andra för att berätta vad de varit med om.

* * *

Medan de båda fortfarande håller på att berätta om sin vandring till Emmaus och vad de har varit med om står Jesus plötsligt där i rummet mitt ibland dem och hälsar dem med orden: "Frid över er!" Han undervisar dem och förklarar för dem vad de varit med om.

* * *

Nu har alla lärjungarna mött Jesus efter korsfästelsen, alla utom Tomas. På inget av de ställen, där de andra har träffat honom, har Tomas varit med. Men han får genom de andra höra berättas om det. Dock tycker han, att det är så egendomligt, det han får höra, så han vågar inte lita på deras berättelser.

Fast det förstås, hos samtliga, som på något sätt varit med och mött Jesus efter korsfästelsen, så har deras förtvivlan och rädsla försvunnit och ersatts av en känsla av frid, förtröstan och mod. Det kan han konstatera, med ett litet stänk av avundsjuka. Det är nästan så han tycker, att han är ensam kvar att känna denna tvekan, som han känner.

Dagarna går och han börjar så smått känna sig lite utanför de andras gemenskap. "Men, varför kan du inte nöja dig med, vad vi berättar för dig? Vi har inte hittat på det", säger de till honom, när han klagar. Men han säger: "Om jag inte får se spikhålen i hans händer och sticka handen i hans sida, tror jag det inte."

Tomas går och funderar mycket. Han återkallar i minnet sådant som han hört Jesus säga, medan han har varit hos dem. Det är sådant som han kanske inte brytt sig så mycket om då, delvis för att han inte riktigt har förstått det.

Nu kommer han särskilt att tänka på det tillfälle, när Jesus hade talat om att han skulle lämna dem.

Det var förresten samma kväll som deras sista gemensamma måltid.

"Känn ingen oro. Tro på Gud och tro på mig", hade han sagt. "Och vägen dit jag går, den känner ni", hade han också sagt.

Tomas erinrar sig,

att han hade protesterat med orden: "Herre, vi vet inte, vart du går. Hur kan vi då känna vägen?"

Jesus hade svarat: "Jag är vägen, sanningen och livet. Ingen kommer till Fadern utom genom mig. Om ni har lärt känna mig, skall ni också lära känna min fader. Ni känner honom redan nu och ni har sett honom."

* * *

Det har gått en vecka, lärjungarna är samlade, Tomas är med. Då kommer Jesus, trots att dörrarna är reglade, och står mitt ibland dem och säger: "Frid åt er alla."

Därefter säger han till Tomas: "Räck hit ditt finger, här är mina händer, räck ut din hand och stick den i min sida. Tvivla inte, utan tro!"

Då svarar Tomas: "Min Herre och min Gud."

Jesus säger till honom: "Du tror, därför att du har sett mig. Saliga de som inte har sett men ändå tror."

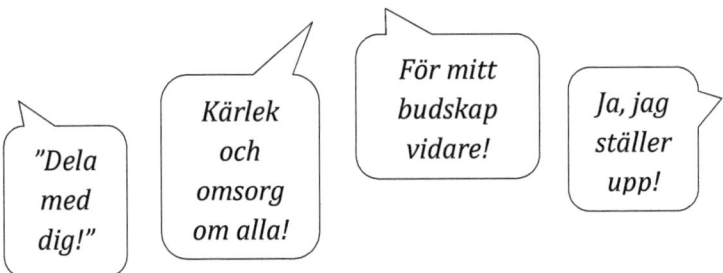

Upprättelse för Petrus

Jesus hade låtit hälsa genom Maria, att han ville träffa lärjungarna i Galiléen vid Gennesarets sjö och att han skulle gå före dit.

Att komma till Gennesarets sjö innebär för Petrus och flera av de andra lärjungarna att återvända till sina hemtrakter. Den mesta tiden tillsammans med Jesus har de dessutom tillbringat här. Det känns bra att återvända hit, inte minst för att Gennesarets sjö ligger på ett behagligt avstånd från Jerusalem och den stämning, som nu råder där. De har på slutet upplevt den som både skrämmande och hotfull.

Lärjungarna vet, att Jesus lever.

Han har besökt dem i rummet i
Jerusalem.

De vet, att Jesus ska möta dem här.

Han har sagt dem det genom Maria.

Petrus känner längtan inför mötet med Jesus. Men han
är också spänd och avvaktande. Förnekelsens och
feghetens skam sitter kvar som en tagg och gnager i
hans inre.

Vad var det som hade hänt där på
översteprästens gård? Vad hade fått
honom att först tveka och sedan förneka?
Strax innan hade han minsann inte tvekat
att med svärd försvara Jesus.

I tankarna återvänder han till händelser, som utspelat
sig vid Gennesarets sjö. Han minns,

hur han som ung pojke varit med sin far
ute på sjön och fått lära sig allt om fiske.
Det hade varit han och hans bror
Andreas. De hade hållit ihop. De hade
också varit mycket tillsammans med ett
annat brödrapar, Jakob och Johannes,
som också var fiskarsöner. Och vilka

diskussioner de hade haft. Både politiska och religiösa.

Här i trakten fanns det gott om grupper som ville göra motstånd mot romarna. Seloter kallades de. När Petrus var endast något år gammal, hade de åstadkommit ett uppror, som slagits ner med sådan kraft och sådan grymhet, att det talades om det fortfarande. Upproret gällde romarna, som nu hade hållit deras land ockuperat i mer än 90 år. Under dessa år hade romarna krävt mer och mer pengar av folket i form av skatter och avgifter som de använde till sitt allt lyxigare sätt att leva.

Romarna hade dessutom byggt upp ett system för att driva in skatter och avgifter, som många upplevde som extra förtryckande.

När Petrus tänkte på det, kände han hur vreden vällde upp inom honom över alla de orättvisor och den orättfärdighet som rådde. Det var samma känsla, som han, hans bror Andreas och deras kamrater, Jakob och Johannes hade känt, när de i tonåren börjat se det som var fel. Och det var den känslan som blivit drivkraften i deras sökande efter sanning och mening.

Missnöjet med romarna var allmänt utbrett. Men sättet att tänka kring, hur man skulle komma tillrätta med det, var olika.

En grupp var seloterna, som endast såg en möjlighet och det var uppror med vapen i hand.

En annan grupp var sadducéerna, som försökte ställa sig in hos romarna och skaffa sig själva så många fördelar som möjligt.

En tredje grupp var fariséerna, som menade, att lidandet under romarna var folkets eget fel. Det berodde på, att man inte följde alla lagar och regler tillräckligt noga. Om alla bara följde dessa, så skulle lidandet inte bli så stort, tänkte man.

En fjärde grupp var esséerna, som drog sig undan och höll sig för sig själva.

Men gemensamt för de fyra gruppernas lösningar på problemen med romarna som härskare i landet, var inte till någon hjälp för dem som redan hade det svårast i samhället, snarare tvärtom. De blev allt fattigare och fick det ännu svårare.

Petrus och hans kamrater hade insett detta. Det var därför de hade kommit att intressera sig så mycket för Johannes Döparens budskap, när han framträtt vid stranden av Jordan och med tordönsstämma predikat sitt "dela med dig" – budskap.

"Omvänd dig från ditt egoistiska liv!", så löd det. "Tänk inte bara på dig själv och strunta i andra!"

"Du som har två av någonting, ge bort det ena till den som inte har något alls!"

"Ta inte ut mera av andra, än som är rimligt, även om du kan!"

"Sluta utnyttja dina medmänniskor för att tjäna på det själv!"

"Vänd om från ditt sätt att vara till ett nytt och bättre sätt!"

"Kom hit och låt mig döpa dig som ett tecken på din rening från ditt gamla liv och som startpunkt för ditt nya liv!"

Johannes Döparen hade vänt sig med kraft mot all slags orättfärdighet.

Petrus och hans kamrater hade tyckt om att lyssna till Johannes. Det lät så riktigt. Han hade också levt som han lärde. Så ofta de hunnit, hade de gett sig iväg ner till stranden av Jordan, lyssnat till och lärt av Johannes och tyckt, att det låtit riktigt, det han sa. Petrus bror Andreas hade en tid varit lärjunge till Johannes.

Men så hade Johannes kritiserat kung Herodes. Och det kom att kosta honom livet. Herodes hade låtit fängsla honom och hugga huvudet av honom.

Den väg Jesus valt hade börjat hos Johannes och hans krav på omvändelse och rättfärdighet. Men Jesus hade gått ett steg längre. Han betonade kärleken och omsorgen om alla, också om dem som misslyckades med att leva på rätt sätt.

* * *

48

En kväll, när Petrus känner sig mer rastlös än vanligt, säger han: "Jag ger mig ut och fiskar." De behöver all fisk de kan få, så de andra beslutar sig för att följa med honom.

De äntrar båten och beger sig ut på sjön. Hela natten är de ute. Men utan resultat. När det blir morgon, befinner de sig endast ett hundratal meter ut. De får då syn på en man, som står på stranden. Det är Jesus, men det uppfattar de inte först.

Mannen frågar: "Har ni ingen fisk?" Då de svarar nej, säger han: "Kasta ut nätet på högra sidan om båten, så får ni." De gör så, de kastar ut nätet, som han säger. Och se, nu får de så mycket, att de inte orkar dra in det på grund av all fisk, som de fått.

Då känner Johannes igen Jesus och säger: "Det är Herren!"

När Petrus hör det, blir han så ivrig, att han hoppar i vattnet och simmar i land. De andra kommer efter i båten med fångsten på släp. Då de stiger i land, får de se en eld, som glöder. På glöden ligger nystekt fisk och nybakat bröd. De blir stående under tystnad nere vid strandkanten. De vet inte, vad de ska säga. Jesus säger åt dem att ta med sig den nyfångade fisken och sedan komma och äta. Petrus skyndar omedelbart ned till båten och drar upp nätet på land. Han kan räkna in inte mindre än etthundrafemtiotre fiskar. Stora är de också. Trots det har nätet inte gått sönder.

Fortfarande under tystnad slår de sig ned runt elden och väntar. Jesus går runt och ger dem först var sin bit av brödet och sedan var sin bit av fisken. De tar emot och äter.

När de har ätit, vänder sig Jesus direkt till Petrus och säger: "Petrus, älskar du mig mer än de andra gör?"

Petrus svarar: "Ja, herre, du vet att jag har dig kär."

Då säger Jesus: "För mina lamm på bete."

Och han frågar honom för andra gången: "Petrus, älskar du mig?"

Petrus svarar: "Ja, herre, du vet att jag har dig kär."

Då säger Jesus: "Var en herde för mina får."

Och han frågar honom för tredje gången: "Petrus, har du mig kär?"

Petrus blir ledsen och skäms, när Jesus för tredje gången ställer frågan,

Hans tankar går till ett annat tillfälle.

> Det var på översteprästens gård.
> Egentligen var det samma fråga han hade

fått då, som han fick nu, frågan om han ville kännas vid Jesus och det han stod för.

Men Petrus fylls också av en stor glädje över att han får en ny chans att besvara frågan och att besvara den på ett bättre sätt.

Det är med fast och frimodig blick som Petrus ser på Jesus och svarar: "Herre, du vet allt; du vet att jag har dig kär."

För tredje gången upprepar Jesus de ord, som innebär, att han ger Petrus i uppdrag att ta ansvar för att det goda budskapet, evangelium, förs vidare. Jesus säger: "För mina får på bete."

Jesus lämnar dem

En gång till träffar Jesus sina lärjungar. Han säger då att han ska lämna dem, men att de i stället ska få en särskild inre kraft, som ska göra, att de sista resterna av deras tvekan, modlöshet och känsla av otillräcklighet ska försvinna. Kraften ska finnas hos dem och hjälpa dem att se den väg, den livsväg, han undervisat dem om.

Med hjälp av denna kraft ska de också klara av att gå ut och berätta om den vägen för alla människor. Helig Ande och Sanningens Ande kallar han kraften. De ska vänta i Jerusalem på att den ska komma till dem.

Sedan välsignar han dem. I nästa ögonblick är han borta. De tycker det ser ut som om han far upp till himmelen. Detta sker på Olivberget. Lärjungarna stannar kvar i Jerusalem och väntar.

Den heliga Ande

Det är på den dagen, som sedan kallats pingstdagen, som det händer, det de väntar på. De befinner sig på Tempelplatsen för att som alla andra judar fira veckofesten. Då kommer den heliga Ande till dem.

Och det är helt riktigt, som Jesus har sagt, då de frågat, att nog skulle de märka det, när det sker.

Det blir en enorm upplevelse, som de har svårt att sedan hitta ord för att beskriva. Någon har uppfattat det som att det börjar med ett dån från himlen som av en stormvind och att det fyller hela templet där de sitter. Några berättar om hur tungor som av eld fördelar sig och stannar på var och en av dem. De kan helt plötsligt tala andra språk och säga sådant som de inte kan säga av sig själva, utan med ord, som kommer av en särskild inspiration, som av en kraft, som kommer till dem.

Detta måste vara den heliga Ande som Jesus talat om, tänker de.

Tidigare har deras uppträdande präglats av försiktighet och bristande tilltro till sig själva. Den känslan av befrielse, som de nu upplever, får dem att uppträda med en sådan frimodighet, att några av dem, som är där och ser dem, säger: "Vad har tagit åt dem?"

Då stiger Petrus fram tillsammans med de andra lärjungarna och talar till allt folket. Han berättar för dem om Jesus. Vad Jesus lärt dem och vad han gjort. Han talar om hur den korsfäste Jesus av Gud blivit löst ur dödens tillstånd och uppstått.

"Gud har upphöjt honom och sedan han enligt löfte tagit emot den heliga Ande av Fadern, har han nu gett den vidare, så som ni här ser och hör."

Petrus visar med olika exempel ur deras heliga skrift, att Jesus är just den Messias, som de har väntat på och nu istället varit med om att låta korsfästa.

Människorna, som lyssnar på honom, känner sig träffade rakt i hjärtat av hans ord och frågar vad de ska göra. Petrus svarar:

"Omvänd er och låt er alla döpas i Jesu Kristi namn. Då får ni den heliga Ande som gåva. Det löftet gäller er och alla andra efter er, som vill ta emot erbjudandet."

De som tar till sig hans ord och låter döpa sig den dagen är uppemot tretusen. Så kommer den första kristna församlingen att bildas i Jerusalem.

Tid till eftertanke

Uppdraget

"Vad du ser bekymrad ut", säger Johannes till Petrus." Vad är det med dig?"

Det är dagen efter pingstdagen. Lärjungarna sitter samlade. Alla är entusiastiska och upprymda. Men för ovanlighetens skull sitter Petrus tyst och ser fundersam ut.

"Jag sitter och tänker", säger Petrus. "Jag sitter och tänker på det stora ansvar vi fick av Jesus, där, på berget, intill Gennesarets sjö, efter uppståndelsen,

> när han sa: "Gå ut och gör alla folk till lärjungar: döp dem i Faderns och Sonens och den heliga Andes namn och lär dem att hålla alla de bud jag har gett er. Och jag är med er alla dagar till tidens slut."

Och nu har han lämnat oss."

"Men vi har ju fått Sanningens Ande som hjälp", påminner Johannes.

"Och vägen till sanning och liv har han visat med sitt sätt att leva", säger Tomas.

"Och Sanningens Ande ska lära oss allt och påminna oss om allt som han har sagt oss", fortsätter Jakob.

"Ja, det är ju riktigt. Jag föreslår, att vi börjar med att påminna oss olika händelser från den tid vi hade tillsammans med Jesus", säger Petrus. "Själv har jag funderat mycket på detta, som man kan säga var hans första val, nämligen:

> att låta sig döpas av Johannes Döparen och det som hände vid dopet, då när Johannes döpte honom, där vid Jordanstranden, då när Guds Ande sänkte sig ned över honom och han fick tillgång till Guds kraft. Och hur han sedan drog sig undan ut i öknen för att tänka över hur han skulle gå vidare. Till vad han skulle använda sin nyvunna kraft som ju också innebar makt".

Kärlek kan bara älskas fram

"Ja. Och jag har funderat mycket på vad han kom fram till där ute i öknen", fortsätter Johannes, "det som var hans andra val:

> För det första sa han nej till frestelsen att använda sin makt till att skaffa sig egna fördelar.
>
> För det andra sa han nej till frestelsen att bestämma över andra, utifrån insikten att kärlek bara kan älskas fram, inte befallas eller tvingas fram. Kärlek föder kärlek.
>
> För det tredje sa han nej till frestelsen att utmärka sig för sin egen skull. Han valde att tjäna andra, att bry sig om andra, att i ord och handling visa på en kärlekens väg."

"Ja, precis", tar Petrus vid. "Jag tror, att det är det, som har varit svårast för oss att begripa och som vi kanske allra mest behöver påminna varandra om.

> Han ville inte ta makten med våld. Jag fick till exempel inte använda svärdet för

att hjälpa honom, när han arresterades.
När jag gjorde det, tillrättavisade han mig
och sa: "Stick tillbaka ditt svärd i slidan.
Alla som griper till svärd skall dödas med
svärd." utifrån insikten att våld föder
våld.

Han ville inte ta makten och bestämma
över människor ens, när de bad om det,
som då när han fick fem bröd och två
fiskar att räcka till femtusen och folket
ville göra honom till sin ledare. I stället
gick han då undan.

Han försökte visa oss ett annat sätt att
använda makt. Allt han gjorde, inser jag
nu, handlade på ett sätt om det.

Jag minns särskilt den gången,

när han fick för sig att tvätta våra fötter.
Jag kan se det framför mig,

Jesus tvättar lärjungarnas fötter

hur han steg upp från bordet, tog av sig
manteln och band en handduk om
midjan. Sedan hällde han vatten i ett
tvättfat och började tvätta våra fötter och

torka dem med handduken, som han bundit om sig.

Jag minns,

hur bakvänt jag tyckte det kändes. Tvätta fötterna på andra, det var ju något som var en tjänares uppgift, inte något för en som var ledare, tyckte jag.

Så när han hade hunnit fram till mig, sa jag: "Herre, ska du tvätta mina fötter?" Då svarade han: "Vad jag gör, förstår du inte nu, men senare ska du förstå det."

Och det hade han verkligen rätt i. Jag förstod inte ett dugg. Så jag sa: "Aldrig någonsin får du tvätta mina fötter!" Då sa Jesus: "Om jag inte tvättar dina fötter, har du ingen gemenskap med mig."

Och gemenskap med Jesus var ju just det jag ville ha mest av allt, så även om jag fortfarande då inte begrep, vad han menade, så svarade jag: "Herre, tvätta inte bara mina fötter, utan också händerna och huvudet."

När han tvättat mina fötter och alla er andras fötter och tagit på sig manteln igen och lagt sig till bords, sa han till oss: "Förstår ni, vad det är, jag har gjort med er? Ni kallar mig mästare och herre, och det med rätta, för det är jag. Och ni är mina lärjungar. Om nu jag, som är er herre och mästare, har tvättat era fötter, är också ni skyldiga att tvätta varandras fötter."

Han måste ha menat, att på samma sätt som han uppträdde som tjänare åt oss, så ska vi vara tjänare åt varandra. Att vara ledare är att tjäna dem man ska leda, inte i första hand att bestämma över dem och få dem att tjäna en själv. Vi ska med andra ord var och en dela med oss av den makt vi har och vara varandras tjänare. Så tänker jag mig det. Jag tänker mig, att han på det sättet ville lära oss, att vi alla är lika mycket värda och ska leva i ömsesidighet med varandra.

En annan händelse, som jag funderat mycket på, är denna sista påsk tillsammans,

när han under folkets jubel red in i Jerusalem. Tänk vad pampigt det skulle ha varit, om han ridit in på en häst, som är en symbol för makt och ära. I stället valde han att rida på en åsna, som är en symbol för just tjänandet. Jag förstod inte

61

då varför. Säkert ville han visa något med det också."

"Ja, du har rätt", håller Jakob med. "Det får mig att tänka på en annan händelse. Det jag kommer att tänka på är,

> när vi lärjungar höll på att bråka om, vem av oss, som var störst och bäst. Jesus tillrättavisade oss med att säga att "Kungarna uppträder som herrar över sina folk, och de som har makten låter kalla sig folkets välgörare. Men - med er ska det vara annorlunda: Den störste bland er skall vara som den minste, och den som är ledaren skall vara som tjänaren."

> Och för att vi riktigt skulle fatta vad han menade så visade han oss det praktiskt, och det var då han tvättade våra fötter.

> Och det var säkert därför han valde att rida på en åsna också."

Mer eftertanke

Allas lika värde

"Minns ni den där gången, när vi var på väg från
Jerusalem till Kapernaum och gick vägen genom
Samarien", frågar Andreas och fortsätter:

När vi kom fram till Jakobs källa strax
utanför staden Sykar, beslöt vi att rasta.
Jesus var trött och satte sig ner vid
brunnen.

Kvinnan vid brunnen

Under tiden följdes vi andra åt in till
staden för att köpa mat. Det var mitt på
dagen.

När vi kom tillbaka,

kommer jag ihåg,

hur förvånade vi blev allihopa. För vad fick vi se och höra?

Jo, Jesus inbegripen i en livlig diskussion med en kvinna. Så gjorde man bara inte. Pratade med en kvinna. Diskuterade med henne. Obekant dessutom. Det passar sig inte. Så har vi ju tänkt och tyckt.

Och en kvinna som var vid brunnen vid den här tiden, mitt på dagen, helt ensam. Det var konstigt. Kvinnor brukar ju gå tillsammans till brunnen för att hämta vatten. Och de brukar gå på morgonen, innan middagshettan har slagit till. Varför var kvinnan här helt ensam?

Det var dessutom en samarisk kvinna. Vi brukar ju undvika kontakt med samarier. Samarier är inte som vi. De tillhör inte vårt folk. Då passar det sig ännu mindre.

Det här var konstigt. Alltihop var mycket konstigt. Hon var väl ingen att bry sig om? Så tänkte vi. Eller var hon? Det tyckte tydligen i alla fall Jesus.

För dessutom verkade hon ha hunnit bli lärjunge till honom. För precis som vi kom fram till dem fick vi höra kvinnan säga:

"Nu ska jag gå tillbaka till staden och berätta om dig och vad du har sagt."

Och hon gick iväg med på en gång ivriga och bestämda steg och lysande av självtillit. Det syntes lång väg, att här kommer någon som har blivit sedd, som har fått ett uppdrag och har något viktigt att uträtta.

Det dröjde inte länge, förrän vi fick se en lång karavan av samarier komma ut till oss. Jesus talade med dem, och de bad honom stanna kvar hos dem. Två dagar stannade han.

Många blev övertygade om, att Jesu lära, som innebär att bry sig om varandra oavsett om man är släkt eller kommer från samma land, oavsett om man är man eller kvinna, oavsett vilka förtjänster eller fel och brister man har, det är den rätta läran, och man drog slutsatsen, att han måste vara världens frälsare.

Den händelsen ser jag som ett exempel på allas lika värde i Jesu ögon", säger Andreas. "Att diskutera med en kvinna och att behandla henne som en jämlike är ju något helt nytt för oss, som Jesus har infört. Och någon som dessutom tillhör ett annat folk. Det är viktigt, att vi inte tappar bort det."

"Jag håller helt med dig", säger Maria Magdalena. "Allas lika värde är grunden i Jesu liv och lära. Jag vill dessutom be er uppmärksamma,

> att det var en kvinna, ja, faktiskt jag själv, som först fick veta att han uppstått och som han bad berätta om det för er andra."

"Det har du rätt i", instämmer Johannes. "Jag kommer att tänka på och vill påminna om,

> hur helt och fullt Jesus ställde upp på att låta Maria i Betania vara lärjunge tillsammans med oss.

Kommer ni ihåg,

> när vi var och hälsade på hos henne, hennes syster Marta och deras bror Lasarus i Betania.

Hos Marta och Maria

Vi män satt i salen och lyssnade på Jesus och diskuterade. Marta och Maria förväntades servera något att äta och dricka. Och mycket riktigt, Marta knogade på med bestyren, men Maria var så intresserad av vad Jesus berättade och vad vi samtalade om att hon kom och satte sig hos oss och ville vara med och lyssna och samtala hon också.

När Marta påpekade, att hon ville ha hjälp och att det ändå inte passade sig att Maria satt och samtalade med oss män, så tog Jesus parti för Maria och sa, att hon hade rätt att välja och att han tyckte, att det var ett bra val hon hade gjort, detta att sitta med oss."

"Jesus bröt verkligen mot alla möjliga förtryckande mönster och införde ett mänskligare sätt att vara på, där alla får plats, där alla är lika viktiga", konstaterar Jakob.

"Och tänk vad Jesus ömmade för den stackars änkan, som han mötte", tar Tomas vid.

Jesus och änkan

"Hon kom där helt förtvivlad i begravningståget på väg att begrava sin ende son, som just hade dött. Jesus greps av sådant medlidande med henne. Det var inte nog med saknaden efter sonen. Han tänkte också på hur eländigt hennes liv skulle bli nu, när hon varken hade man eller son, som kunde försörja henne. Kvinnorna har ju ett tungt arbete hemma, men de får inte arbeta utanför hemmet och kan därför inte försörja sig själva.

Till änkan sa han: "Gråt inte!" Sedan gick han fram till båren, som de bar den döde på. Bärarna stannade, och han sa: "Unge man, jag säger dig: Stig upp!" Då satte sig den döde upp och började tala, och Jesus överlämnade honom åt hans mor. Så fick hon tillbaka sin son."

"Jesus brydde sig verkligen om alla", instämmer Petrus.

Vem är min nästa?

"Och det får mig", fortsätter Tomas, "att tänka på, vad Jesus svarade, när en man kom och ställde den här frågan till honom: "Hur ska jag leva för att leva på rätt sätt?"

"Vad står det i vår heliga skrift?" svarade Jesus.

"Jo, det står att ´Du ska älska Herren din Gud av hela ditt hjärta och med hela din själ och med hela din kraft och med hela ditt förstånd och din nästa som dig själv´."

"Bra", sa Jesus. "Gör det!"

"Men, vem är min nästa då?", frågade mannen.

Och då berättade Jesus så här:

Den barmhärtige samariern

Det var en gång en man, som skulle ta sig från Jerusalem till Jeriko. Vägen går ju genom öde bergstrakter, där knappt någon bor. Medan mannen var på väg, fick några rövare syn på honom. De låg gömda bland klipporna alldeles intill vägen. Rövarna såg sig omkring. Ingen annan i sikte utom den ensamme mannen. Då kastade de sig över honom. Han kämpade emot allt vad han kunde och ropade högt på hjälp. Men ingen hörde honom. Han försökte slita sig loss.

Men han hade inte en chans. Han var ensam och rövarna var flera. De tog hans pengar. Men de nöjde sig inte med det. De slog honom och sparkade honom och halvt ihjälslagen lämnade de honom på marken åt sitt öde och drog därifrån med sitt byte.

Där låg den stackars mannen, blodig och sönderslagen och utan att kunna resa sig.

"Tänk om någon ville komma och hjälpa mig," tänkte han.

"Å, om det bara ville komma någon snart!"

När han hade legat där både länge och väl, hörde han äntligen fotsteg. Han lyfte med stor ansträngning lite på huvudet för att se, vem det var.

"Bara det inte är en ny rövare eller någon av de andra, som kommer tillbaka", tänkte han.

Lättad la han ner huvudet igen.

"En präst! Det är en präst, som kommer där vägen fram. Vilken tur! Då är jag snart hjälpt. Och han kommer rakt emot mig. Han kan inte undgå att se mig. Då är jag snart i säkerhet."

Men vad nu då? Prästen sneddar över till andra sidan av vägen och passerar utan att erbjuda någon hjälp.

Efter en stund hörde han fotsteg igen. Hoppet tändes på nytt i mannen. Sakta, sakta lyfte han lite, lite på huvudet igen, nätt och jämt så pass, att han kunde konstatera, att det var en levit, som ju också arbetar i templet.

"Hjälp! Hjälp!" ropade mannen med svag röst.

Leviten gick fram till mannen och såg på honom, där han låg. Men – sedan fortsatte han. Han gick sin väg, han också, utan att bry sig.

Efter en stund hörde han steg igen. Trippande steg. Det var en åsnas trippande. Men han försökte inte ens lyfta på huvudet nu. Han var alldeles för matt.

Det var en man från grannlandet Samarien, som kom ridande på åsnan. Även om den överfallne mannen skulle orkat lyfta på huvudet och sett samariern, skulle han ändå inte haft en tanke på, att denne, som var främling och tillhörde ett annat folk, skulle hjälpa honom.

Men..... Samariern steg av åsnan, skyndade fram till mannen och tittade på honom och såg, att han behövde hjälp. Han rev stora tygbitar ur sina kläder, dränkte in dem i vin och olivolja och tvättade hans sår. Han rev remsor ur sina kläder och förband hans sår. Han svepte sin mantel om honom. Av allt han hade delade han med sig.

Sedan hjälpte han den skadade mannen upp på åsnan och tog honom till närmaste värdshus. Där tog han in. Han hyrde ett rum och la mannen i sängen. Han skötte om hans sår på nytt. Han skaffade mat och matade honom. Han skaffade kläder och klädde honom i. Hela natten vakade han vid hans bädd.

På morgonen sa han till värdshusvärden:

"Tyvärr måste jag ge mig iväg. Vill du sköta om den här mannen åt mig, tills han blir frisk och kan resa hem. Här har du pengar. Om det kostar mer, så ska jag betala, vad som fattas, när jag kommer här förbi om en månad igen."

Värden lovade att göra, som han blivit ombedd:

"Lita på mig", sa han.

Samariern satte sig upp på sin åsna och red iväg.

Sedan vände sig Jesus till mannen som ställt frågan och sa:

"Vem av dessa tre: prästen, leviten eller samariern var den överfallne mannens nästa?"

"Den som brydde sig om honom och hjälpte honom", svarade mannen.

"Att bry sig om och vara en nästa för sina medmänniskor, det är att leva på rätt sätt. Där har du mitt svar på din fråga", sa Jesus.

Lärjungarna fortsätter att minnas

Guds rike eller himmelriket

"En annan sak, som jag tänkt på är viktig", säger Filippos, är att Jesus aldrig försökte tvinga någon utan alltid erbjöd sin väg som en möjlighet, som ett alternativ att säga "ja" eller "nej" till.

Jag tänker till exempel på den rike mannen,

> som kom till Jesus för att få råd om hur han skulle leva sitt liv.

Den rike mannen

> Det var en man, som hade haft det bra på alla sätt, när han växte upp. Han hade fått höra alla de gamla berättelserna. Han hade fått lära sig alla lagens bud. Han hade också strävat efter att försöka följa

dem alla. Han tyckte själv, att han lyckats riktigt bra med det.

Det hade också gått bra för honom här i livet, om man med bra menar, att han var frisk och att han var rik. Han hade haft råd, att skaffa sig en stor lantgård med många tjänare. Han ägde också många djur, såväl kameler som får och getter. Det tog all hans tid och allt hans intresse att sköta om allt, vad han ägde. Ja, ibland kändes det nästan, som om ägodelarna ägde honom, i stället för att han ägde ägodelarna. Och det var ju inte så bra. Men samtidigt fanns det de som menade, att om det gick bra för en, så var det ett tecken på, att Gud var nöjd med en.

Men mannen tyckte ändå, att det saknades något. Han förstod inte själv, varför han kände så. Han borde ju vara nöjd, mer än nöjd. Han hade ju allt. Eller hade han inte? Vad var meningen med alltihop. Fanns det någon mening? Vad var hans mening?

Det var då han beslöt att söka upp Jesus, som han hade hört talas om. När han träffade honom, föll han på knä och ställde sin fråga: "Hur ska jag leva mitt liv för att leva på bästa sätt?"

"Du ska hålla buden", svarade Jesus.

"Vilka?" frågade den rike mannen.

"De bud du har fått lära dig redan som barn", svarade Jesus och så sa han några av dem:

"Du ska inte döda.

Du ska inte lura någon.

Du ska inte stjäla.

Du ska inte ljuga.

Älska din nästa som dig själv."

Då sa den rike mannen:

"Jag har gjort allt detta.

Jag har inte dödat någon.

Jag har inte lurat någon

Jag har inte stulit något.

Jag har inte ljugit.

Jag har älskat min nästa som mig själv.

Vad ska jag mer göra?"

Jesus svarade:

"Det fattas en sak, om du vill leva riktigt rätt. Gå bort och sälj allt vad du äger och dela ut åt de fattiga. Då får du en skatt i himlen. Kom sedan och följ mig!"

Mannen tänkte på sin lantgård, på sina kameler, på sina får och sina getter och allt annat han ägde. Skulle han verkligen behöva lämna allt detta?

Han skulle sälja allt, hade Jesus sagt och sedan ge bort pengarna till de fattiga. Visst ville han följa Jesus, men ... Nej, han klarade inte att göra sig av med sin fina lantgård, kamelerna, fåren och getterna ... Nej, han klarade det bara inte. Så han gick ledsen sin väg.

Jag har funderat på varför den rike mannen kom till Jesus och bad om råd", fortsätter Filippos. "Ville han bara få bekräftat, att han levde rätt och bra eller sökte han verkligen något mer?

Jag har också funderat på Jesu svar. Fann han den rike mannen alltför upptagen med att förvalta allt han ägde? Eller tyckte han, att han kort och gott borde dela med sig av sitt överflöd? Han var ju mycket rik.

Tydligen var i alla fall den vägen för svår för den rike mannen att gå. Den skulle ju vända upp och ner på allt, som han förut funnit värt att leva för och ha sin trygghet i. Och erbjudandet att följa Jesus tackade han nej till.

> Jesus försökte inte övertala honom. Han respekterade mannens val. Men han konstaterade: "Hur svårt är det inte för den som är rik att bli delaktig i Guds rike. Det är lättare för en kamel att komma igenom ett nålsöga än för en rik att komma in i Guds rike.""

"Jag har funderat mycket på det där med Guds rike eller himmelriket, som han ibland kallade det för", säger Jakob, Alfaios son, och tar till orda: "Jesu väg är ju en kärlekens väg, ett sätt att leva som innebär, att man bryr sig om varandra, och att alla är lika värdefulla. Jesus sa, att egentligen skulle det räcka med ett enda bud,

> och det var budet om att älska Gud över allting och att älska sin nästa som sig

själv. Att leva efter det budet skulle göra en delaktig i Guds rike eller himmelriket.

Och att bli delaktig i detta rike skulle vara så mycket värt, att man skulle satsa allt på det. Jag tänker särskilt på den där berättelsen Jesus berättade om

> mannen, som hittade en skatt i en åker, och som gick bort och sålde allt han ägde för att kunna köpa den åkern. Himmelriket är som denna skatt, sa Jesus.

Han sa också om att samla skatter,

> att man skulle inte samla sådana skatter som var värdefulla här på jorden, "där mal och mask förstör, och tjuvar bryter sig in och stjäl". Nej, man skulle samla sådana skatter, som var värdefulla i himlen, "där varken mal eller mask förstör, och inga tjuvar bryter sig in och stjäl. Ty", sa han, "där din skatt är, där kommer också ditt hjärta att vara."

Och när Jesus skulle beskriva himmelriket, så berättade han så här", fortsätter Jakob, Alfaios son:

Vingårdsarbetarnas lön

"Med himmelriket är det som, när en jordägare vid dagens början gick ut för att anställa arbetare till att arbeta i hans vingård. Han kom överens med dem, att de skulle få den betalning, som var vanligt för en dags arbete av det slaget, nämligen en denar.

Efter tre timmar anställde han några till.

Efter sex timmar anställde han ytterligare några.

Och efter nio timmar ännu några.

Efter elva timmar, när han kom ut på torget, fick han se några, som fortfarande väntade på att få arbete. Han frågade dem: "Varför står ni här hela dagen utan att arbeta?" De svarade: "Därför att ingen har anställt oss. "Då sa han: "Då anställer jag er nu: Gå bort till vingården, ni också."

Vid arbetsdagens slut bad han förmannen ge de anställda betalt och att börja med dem, som hade anställts sist.

När dessa, de sist anställda, kom fram till förmannen för att få sin betalning, fick de en denar var. De först anställda trodde då, att de skulle få mer. Men när turen kom till dem att få sin lön, fick de också var sin denar, precis som de blivit lovade. De protesterade och tyckte, att det var orättvist. Då sa ägaren till den som uttryckte sitt missnöje: "Min vän, jag är inte orättvis mot dig. Du har fått, vad du ska ha. Vi kom ju överens om en denar. Och det har du fått. Att jag ger dem, som anställts senare lika mycket, gör jag av godhet. Har jag inte rätt att vara god, om jag vill?""

"Det du sa om rikedom", säger Simon, "får mig att tänka på, när han sa till oss,

> att inte bekymra oss om allt möjligt. Sök i stället Guds rike, sa han, och "Akta er för allt habegär. En människas liv beror inte av överflöd på ägodelar".

Pengars makt kallade Jesus för Mammon. Den makt, som var motsatsen till Mammon, var då Guds makt, som var kärlekens makt. Jesus framhöll, att ingen kan tjäna två herrar. "Antingen kommer han att hata den ene och älska den andre eller att hålla fast vid den ene och inte bry sig om den andre. Ni kan inte tjäna både Gud och Mammon".

Men det där du tog upp, Jakob, om att älska sin nästa som sig själv", fortsätter Simon, "det är inte så enkelt, även om man vill. Ibland tycker jag det kan vara svårt att veta, hur jag ska handla, för att det verkligen ska vara uttryck för kärlek och omtanke om min medmänniska och att det ska vara för den människans bästa och inte bara för mitt bästa. Då tror jag den gyllene regeln, som vi också fick av Jesus, är bra att tänka på:

Så som jag vill att andra ska vara mot mig, så ska jag också vara mot dem.

Den omfattar ju mer än det gamla budet, som vi hade förut", fortsätter Simon, "fast det kan nog också vara bra att ha i minnet ibland:

Så som jag *inte* vill att andra ska göra mot mig, så ska jag *inte* heller göra mot dem."

Lärjungarna minns mer

Om regler

"Kommer ni ihåg, när vi plockade ax på sabbaten och fariséerna blev så upprörda", säger Bartolemaios.

"Det var sabbat och alltså vilodag och förbjudet att arbeta. Vi gick genom sädesfälten. Vi var hur hungriga som helst och började rycka av ax och äta.

Att gå genom sädesfält är ju tillåtet. Att ta enstaka ax på andras åkrar är också tillåtet. Men enligt fariséerna är det ett arbete att rycka av ax, även om det endast är enstaka ax. Och på vilodagen, får man ju inte arbeta. Alltså får man enligt dem inte rycka enstaka ax på sabbaten. Då begår man sabbatsbrott.

Jag tyckte det kändes så skönt, när Jesus kritiserade fariséerna och sa till dem, att de krånglade till allting i onödan. Visst är det väl bra med regler. De är nödvändiga, men vi får inte glömma, att reglerna ska vara till hjälp och inte göra oss omänskliga. Jesus tyckte, att fariséerna hade blivit så fanatiska med sina regler, att de glömde bort att vara kärleksfulla.

Av Gud har vi fått budet: "Tänk på vilodagen, så att du helgar den." Det är ju ett bra bud. Då kan ingen arbetsgivare tvinga oss att arbeta på vilodagen. Det är skönt med en vilodag. Men att sedan som fariséerna hitta på en massa regler, för att man ska vila på rätt sätt, blir så fel och svårt att hålla reda på dessutom. Vi får akta oss, så att vi inte gör på samma sätt som fariséerna, utan att vi håller oss till Jesu väg, där kärlek och omtanke om medmänniskorna är den viktigaste regeln.

Jag tyckte det var så bra, när Jesus sa:

> "Vilodagen blev till för människorna och inte människorna för vilodagen."

"Inte ens när det gällde att bota någon som var sjuk, tyckte fariséerna, att det var något, som man fick göra på vilodagen", tar Taddaios vid. "Det skulle vänta till nästa dag. Jag kommer att tänka på, när Jesus botade mannen med den skadade handen, just på en vilodag.

Det var samma sabbat, som när vi plockade ax. När vi sedan kom till samlingssalen, satt där en man, som hade en förtvinad hand. Fariséerna höll noga uppsikt över Jesus för att se, om han skulle bota mannen på vilodagen. Jesus bad mannen stiga upp och komma fram till dem. Sedan vände han sig till fariséerna och frågade dem: "Vad är tillåtet på vilodagen, att göra gott eller att göra ont, att rädda liv eller att döda?" Men de teg.

Då såg Jesus på dem, och han var både arg och ledsen, över att de var så fångade i sina egna regler, att de var så fanatiska. Och till mannen sa han: "Håll fram handen." Han höll fram den, och den blev bra igen.

Jesus ville ge fariséerna en chans till att förstå, att det han gjorde inte handlade om att bryta mot sabbatsbudet utan om att göra gott, och att detta att göra gott gick före allting annat. Han sa:

"Om någon av er har ett får och det faller ner i en grop på vilodagen, griper han då inte tag i det och drar upp det? Hur mycket mer värd än ett får, är inte en människa. Alltså är det tillåtet att göra gott på vilodagen."

Att växa som människa

"Jesus inte bara hjälpte dem som hade det svårt på olika sätt till ett bättre liv, han hjälpte även dem som var orsak till att andra hade det svårt. Han fick dem att sluta med sitt förtryck, han fick dem att växa i godhet och bli medmänniskor genom att han brydde sig om dem också. Det tycker jag var fantastiskt", tar Bartolemaios vid. "Jag kommer till exempel att tänka på hur han brydde sig om Sackaios. Ni kommer ihåg han, som klättrade upp i trädet för att bättre kunna se Jesus. Han var ju så liten och kort i växten.

Sackaios

Sackaios var ju tullindrivare och hade skaffat sig rätten att driva in avgifter och skatter åt romarna. Han var inte vilken tullindrivare som helst. Nej, han var chef för de andra tullindrivarna i Jeriko. Han hade verkligen gjort sig en förmögenhet på att ta upp avgifter och skatter av människor.

Rätten att ta upp skatt var ju någonting, som romarna, som bestämde i landet, hyrde ut. Sackaios hade hyrt den rätten för hela Jeriko. Sedan hyrde han i sin tur ut till andra, som han då blev chef över.

Sackaios hade på detta sätt blivit mäktig och rik. Och det var ju det han velat bli. Ändå kändes det inte bra. Han var inte nöjd. Det var inte bara det, att många tyckte illa om honom, för att han arbetade åt romarna. Nej, han hade börjat fråga sig, vad han skulle med alla rikedomarna till egentligen. Visst var det bekvämt att vara rik. Men det kändes ändå inte bra. Han hade ju egentligen inte kunnat bli så här rik, om han inte fått andra att betala så mycket och kanske för mycket. På det sättet var han ju skuld till, att andra var så fattiga!? Eller var han inte? Sackaios försökte låta bli att tänka sådana tankar. Men ibland kunde han inte låta bli.

Först hade det varit Johannes, Döparen som han kallades, som hade predikat, att man skulle göra bättring, att man inte skulle roffa åt sig, utan snarare dela med

87

sig. De som hade, skulle dela med sig till dem som inte hade. Johannes hade hållit till vid floden Jordan inte alls långt från Jeriko, där han döpte alla, som ville göra bättring. Sackaios hade hört mycket talas om honom. Men han hade ryckt på axlarna och struntat i det.

Sedan hade Jesus kommit. Sackaios hade hört mycket om honom också. Och det hade gjort honom nyfiken, det han hört. Han hade hört, att Jesus inte drog sig för att vara tillsammans med tullindrivare, som han, och han hade hört, hur arga många människor var på honom för det. Allra argast var nog fariséerna. Att han vågade, tänkte Sackaios. Han var mycket nyfiken på Jesus. Tänk att få träffa honom! Det var det Sackaios önskade sig mest av allt just då.

Då hände det, som han hade hoppats. Jesus var på väg till Jeriko. Nyheten om det hade spridit sig som en löpeld. Alla hade hört talas om honom. En del hade redan träffat honom och hört honom. Det var inte bara Sackaios, som var ivrig att få träffa honom. Många hoppades, att han skulle kunna hjälpa dem från det liv de levde till ett annat och bättre.

Fariséerna hörde också till dem, som ville se och höra Jesus. Men de var mer intresserade av att granska, vad det var Jesus höll på med.

När Sackaios skyndade iväg för att försöka få se Jesus, fann han, att det var fullt av folk längs hela vägen, där Jesus skulle komma.

Sackaios var liten till växten. Han förstod strax, att han inte hade en chans att få se så mycket som en skymt av Jesus. Han blev alldeles förtvivlad. Han, som hade väntat så på den här dagen!

Han såg sig omkring. Vad skulle han ta sig till? Så fick han syn på trädet, som stod alldeles intill. Det var ett mullbärsfikonträd. Han stod där och stirrade på trädet och en tanke tog form i hans huvud. Grenarna på det här trädet var ju som gjorda för att klättra i.

Sackaios, den rike och mäktige mannen, hatad och fruktad av många, glömde sin värdighet. Han hade inte en tanke på, att det kanske såg löjligt ut, det han bestämde sig för att göra. Han bara gjorde det. Raskt klättrade han upp i trädet och fann en bra gren att sitta på inne i lövverket. Härifrån såg han bra. Och förhoppningsvis syntes han mindre bra.

Alla väntade. Så kom han då, Jesus. Alla sträckte på halsarna för att se bättre. Många följde efter, när han fortsatte sin väg fram. Så var han mitt framför den plats, där Sackaios satt. Då fick han syn på Sackaios där i trädet.

Deras blickar möttes. Jesus stannade och fortsatte att möta Sackaios blick. Så sa han:

"Sackaios, skynda dig ned och låt mig bli din gäst i dag!"

Alla som såg och hörde det förfasade sig och sa till varandra:

"Hur kan Jesus vilja vara gäst hos honom, den girigbuken? Han som har burit sig så illa åt och skott sig på vår bekostnad. Det är ju för att han har tagit ut för mycket vinst på sin indrivning, som han har blivit så rik och vi så fattiga."

Men, men ... vad var det som hände? Sackaios blev först förvirrad och förskräckt över all uppmärksamhet, men samtidigt blev han överlycklig. Han skyndade sig ner ur trädet och ställde genast till med fest i sitt hem och tog emot Jesus som hedersgäst.

Sackaios var så glad, att han fylldes av en önskan och vilja att dela med sig av det han hade samlat på sig och att göra gott, det han tidigare gjort illa och han sa:

"Hälften av allt jag har, ger jag åt de fattiga. Och om jag har lurat någon på pengar, så ska jag betala tillbaka fyra gånger så mycket!"

Fler minnen och tankar

Att gå vilse

"Jag har funderat en hel del på fariséerna och varför de hela tiden kritiserade Jesus", säger Johannes. "Det är precis som om de inte kunde tåla, att Jesus brydde sig om dem som hade det svårt eller hade råkat illa ut på något sätt eller för den delen gjort bort sig på ett eller annat sätt."

"Det kanske var för att de tyckte att de fick skylla sig själva", föreslår Taddaios. "De tyckte kanske att de själva hade ansträngt sig så mycket för att leva så rätt och riktigt som möjligt och tyckte att andra kunde anstränga sig lite mer."

"Kanske det", säger Johannes. "Jag tycker i alla fall, att det är viktigt att vi ständigt påminner oss den där berättelsen om ´Den förlorade sonen och Den förträfflige brodern´ som Jesus berättade för att få

fariséerna att förstå, att kärlek och omtanke om
varandra är det viktigaste:

Den förlorade sonen

En man hade två söner. Han hade också
en stor fin gård med vidsträckta åkrar
och ängar. Fadern tog väl hand om sina
barn. Han gav dem allt vad de behövde
och han var lika god mot dem båda två.
De hade fina kläder och vackra smycken.
Bland annat hade de var sin guldring. De
hade också var sin kamel att rida på.

Den ene sonen var skötsam. Han
arbetade flitigt och försökte på alla sätt
göra som hans far sa till honom. Och
fadern tyckte mycket om honom.

Den andre sonen var inte skötsam. Han
ställde ofta till problem och orsakade sin
far många bekymmer. Men fadern tyckte
mycket om honom också.

Han tyckte mycket om båda sina barn. Ja,
han tyckte precis lika mycket om dem.

Fast den andre sonen hade det så bra på
sin fars gård, fast han hade allt vad han
behövde, så längtade han bort.

Han tänkte: "Det är säkert mycket roligare och bättre på annat håll än här hemma."

Så han gick till sin far och sa: "Jag vill inte stanna hemma längre. Jag vill ge mig ut till andra platser, till andra länder. Kan jag inte redan nu få de pengar, som jag en dag ändå ska få ärva."

Fadern blev mycket ledsen och bad sin son stanna kvar hemma. Men sonen ville inte lyssna på honom.

Han tänkte: "Min far förstår mig inte. Han begriper ingenting. Vad bryr jag mig om honom? Nej, jag struntar i honom."

Och han satte på sig sina finaste kläder, satte sig på sin kamel och sa: "Jag ger mig iväg. Jag vill ut. Jag vill bort. Låt mig nu få pengarna."

Då gav fadern honom pengarna och sonen red bort, glatt sjungande. Han såg sig inte ens om.

Men fadern stod länge och såg efter sin son. Och han tänkte mycket på honom.

Sonen drog ut i vida världen. Han tyckte det var roligt att resa och se sig om. I städerna fanns det mycket, som var spännande. Och där kunde man köpa så mycket vackert och dyrbart. Han köpte också en massa saker. Han hade ju gott om pengar. Han fick också många vänner, både män och kvinnor, som han festade tillsammans med. Det kostade honom mycket pengar. Men det brydde han sig inte om. Han levde som om hans pengar aldrig skulle kunna ta slut. Men det gjorde de. En dag var de slut.

Då sålde han sin kamel och fick mycket pengar för den. Men också dem hade han snart slösat bort. Då sålde han sin guldring. För den fick han mycket pengar. Men också de pengarna tog snart slut.

Sonen var nu helt utan pengar. Han kunde inte köpa sig några fina saker mer och inte ställa till med några fester längre. Vännerna försvann. Han blev ensam. Och han var långt hemifrån.

Han försökte tigga. Men ingen gav honom något. Han försökte få ett arbete. Men det var svårt. Han hade aldrig varit särskilt arbetsam. Och han hade heller inte lärt sig något yrke.

Till slut lyckades han i alla fall få arbete med att vakta svinen åt en bonde. Han blev svinaherde. Som lön för sitt arbete skulle han få mat. Men han fick inte mycket att äta för bonden var själv fattig och hade det svårt.

Där satt han nu bland svinen, hungrig och eländig. Han såg hur svinen glufsade i sig av sin mat. Han var så hungrig, så hade han vågat, så skulle han ha tagit av deras mat för att stilla sin värsta hunger.

Han började mer och mer tänka på sin far och hans gård: "Tänk, så bra jag hade det därhemma. Till och med de anställda på min fars gård har det bättre än vad jag har det här. De får i alla fall äta sig mätta, medan jag nästan svälter ihjäl. Jag skulle mycket hellre vilja vara anställd på min fars gård än här."

Länge satt han och tänkte på sitt hem och hur god hans far alltid hade varit mot honom. Han kände sig förskräckligt ensam och han längtade hem mer och mer. Till slut stod han inte ut längre utan han gick till bonden och sa, att han inte längre kunde vara kvar och vakta hans svin, för han skulle resa hem.

Han skulle gå till sin far och säga: "Far, jag har burit mig illa åt. Jag är inte längre värd att kallas din son. Men låt mig få vara anställd på din gård."

Han hade lång väg att gå till sitt hem. Hans fötter blev ömma och till slut orkade han knappt släpa sig fram. Han var smutsig och hans kläder hängde i trasor.

Hans far hade inte glömt honom. Varje dag hade han då och då tittat bort mot vägen, som ledde till staden i hopp om att få se sin son komma tillbaka. Och så en dag fick han se en man som kom där på vägen. Han såg på en gång både främmande och välbekant ut. Kunde det vara hans son? Nej, den här mannen var ju klädd i trasor och såg minst sagt eländig ut. Men samtidigt var det något hos honom som påminde om hans son.

Fadern väntade otåligt, tills mannen kommit så nära, att han tydligt kunde se hans ansikte. "Men det är ju min son!" ropade han och skyndade emot honom. Han tog honom i sin famn och grät av glädje.

Sonen var så lycklig över att vara hemma, att han knappt kunde få fram, vad han ville säga: "Å, far, jag har burit mig så illa åt mot dig, så jag är inte längre värd att kallas din son."

Längre hann han inte. Fadern lät honom inte fortsätta. Han kallade till sig sina anställda och sa till dem: "Skynda er att ta fram de finaste kläderna och hjälp min son att klä sig i dem. Sätt en ring på hans finger och skor på hans fötter. Hämta kalven, som vi har fött upp och slakta den och laga i ordning en riktig festmåltid. I kväll ska vi hålla en stor fest för min son, som jag trodde var död, men som lever. Han var förlorad, men nu är han återfunnen.

* * *

Men vad var detta? Vad var det för musik och glam och sorl? Vad var det som hade hänt? Det lät som ljudet från någon slags fest. Den äldre sonen var på väg hem från arbetet på fälten. Han förstod ingenting. Han hade inte hört talas om att de skulle ha någon fest därhemma i dag. Vad kunde det vara? Eller hade de fest utan honom? Varför hade han ingenting fått veta? Han hade en tung arbetsdag ute på fälten bakom sig. Han var trött. Nu kände han sig ledsen och besviken. Varför hade han ingenting fått veta? Vad var det som var på gång?

När han var alldeles vid hemmet, mötte han en av sin fars tjänare och han frågade honom:

"Vad är det här? Vad är det som har hänt?"

Han fick till svar:

"Din bror har kommit hem. Din far blev så glad, att han lät slakta den gödda kalven och ställde till med fest."

Då blev den äldre brodern arg. Här hade han gått hemma hos fadern i alla år.

Troget hade han slitit och släpat. Inte hade han unnat sig något extra. Livet hade mest varit arbete och försakelser. Inga fester precis. I och för sig hade han väl kunnat ställa till med fest själv. Visst, det måste han erkänna. Men – han var inte så mycket för fester. Han hade heller aldrig längtat ut och bort som sin yngre bror. Han hade alltid trivts med att gå hemma. Det hade känts tryggt och bra.

Han hade tyckt, att hans yngre bror var bra dum, som gett sig iväg hemifrån. Ibland hade han saknat honom. Ibland hade han känt svartsjuka. Det var när han sett sin far stå och titta efter brodern. Han antog i alla fall att det måste vara det han gjort, när han stod och tittade så där bort i fjärran liksom ut i tomma intet. För så där hade han aldrig sett sin far stå, innan brodern gett sig iväg.

Ibland fick han för sig, att fadern tyckte bättre om brodern, sonen som gett sig iväg, än om honom själv, som stannat hemma. Det var då han kände svartsjukan gnaga inom sig. Men han hade egentligen ingen anledning till att känna så. Han hade det ju bra hos sin far. Han hade allt han behövde. Och han hade sin fars kärlek och omtanke varje dag. Han hade egentligen ingenting att klaga över.

Just nu kände han ändå svartsjukan blossa upp inom sig. Han bestämde sig för att inte gå in på festen. De kunde ha sin fest för sig själva. Han kände sig ledsen och utanför.

Som han stod där utanför fick han se sin far komma ut till honom. Han kom emot honom med utbredda armar. Hela han strålade av glädje när han utbrast:

"Skynda dig in och var med och fira det fantastiska som har hänt! Din bror har kommit hem. Nu kan vi alla få vara tillsammans. Kom! Skynda dig!

Fadern försökte lägga armen om sin äldste son för att dra honom med sig in.

Men sonen slingrade sig undan. Han kände sig så uppfylld av sin svartsjuka. Och inte blev det bättre när han såg sin fars glädje. Själv förmådde han inte känna glädje. I stället brast han ut i anklagelser mot fadern och sa:

"I alla år har jag arbetat här på gården. Jag har alltid försökt göra så som du har sagt. Men du har aldrig ställt till med någon stor fest för min skull. Men nu när min bror behagar komma tillbaka, då minsann kan du slakta den gödda kalven och ställa till med fest, fast han har levt som han har gjort, i sus och dus, och slösat bort hela sitt arv."

"Men förstår du då inte att jag är glad. Är inte du också glad? Kan vi inte vara glada tillsammans? Vad är det som känns så svårt? Hela tiden som din bror har varit borta, har du väl haft det bra här hemma hos mig", påpekade fadern. "Du behöver inte vara svartsjuk. Allt mitt är ditt. Var nu med och gläd dig. Låt oss fira tillsammans, att din bror lever, han som vi trodde var död. Han som var förlorad, är nu återfunnen. Låt oss glädja oss åt, att vi alla får vara tillsammans."

"Den ene sonen gick vilse i sitt festande och den andra sonen i sin förträfflighet", funderar Taddaios. "Man kan gå vilse på många sätt. Men det är nog viktigt att unna varandra en andra chans. Alla kan vi "göra bort oss", fortsätter han.

"Ja, det har du rätt i och det är skönt att veta sig vara älskad, även när man förtjänar det som minst", konstaterar Johannes.

"Ja, jag håller med dig och det påminner mig om berättelsen om det förlorade fåret som Jesus också berättade", säger Taddaios, "för att lära oss hur viktiga alla människor är, så att vi inte tillåter oss att tappa bort varandra utan tvärtom, inte sparar någon möda för att leta rätt på varandra. Så här berättade han:

Det förlorade fåret

Det var en herde, som hade hundra får. När kvällen kom, samlade han ihop sina får och räknade dem. Men han fick dem bara till nittionio. Ett får fattades.

Vad gjorde då herden?

Tänkte han:

"Ett får mer eller mindre spelar väl inte någon roll. Jag har ju nittionio i alla fall. Och inte är det värt, att jag lämnar dem, för att leta efter detta enda. De kan gå vilse. Vilda djur kan komma och ta dem. Eller rövare kan komma och röva bort dem. Kanske förlorar jag då fler får än detta enda, som nu är försvunnet?

Förresten, det där bortsprungna fåret är nog svårt att hitta. Nu när det är så mörkt. Kanske ett vilt djur redan har tagit det och ätit upp det? Eller en rövare?"

Och det är ju alldeles sant och riktigt alltihopa. Så är det ju.

Men – så tänkte han inte.

Herden tänkte:

"Det försvunna fåret behöver nog min hjälp. Det kan ha fastnat någonstans – i en törnrosbuske kanske – och kan inte komma loss. Eller det kan irra omkring och leta efter oss och hittar oss inte. Kanske det har fallit utför ett stup. Fåret behöver alldeles säkert min hjälp."

Och så lämnade herden de nittionio fåren och sökte efter fåret, som hade kommit vilse, ända tills han hittade det.

När han så hade funnit sitt bortsprungna får, så la han det på sina axlar och bar det, glad och lycklig, hem igen.

Och när han så väl var hemma igen, då kallade han samman sina vänner och grannar och sa till dem: "Gläd er med mig, för jag har funnit mitt får, som hade gått vilse."

På samma sätt blir det större glädje över en enda som lever i utanförskap som kommer in i gemenskapen än över nittionio som lever i trygghet och inte behöver den extra omsorgen."

Börja på nytt

"Jesus inte bara berättade, han levde som han lärde", tar Johannes vid. "Och som exempel på det kommer jag att tänka på när vi blev hembjudna till fariséen Simons hus.

Kvinnan som smorde Jesu fötter

Vi var dammiga och trötta, när vi passerade stadsporten. När vi så blev hembjudna till fariséen Simon, tackade vi med glädje ja. Vi såg verkligen fram emot att bli lite ompysslade och bli bjudna på mat.

Ja, mat fick vi ju, men särskilt ompysslade blev vi då inte. Simon brydde sig inte om att tvätta eller låta tvätta sina gästers fötter, så som en artig värd brukar göra och inte heller gav han oss någon välkomstkyss.

Vi hade just lagt oss till bords och börjat äta av den framdukade maten, då vi fick höra ett väldigt oväsen utanför huset. Det verkade, som om en tjänare försökte hindra någon från att komma in. Vi hörde en ivrig kvinnoröst, säga: "Släpp in mig! Jag måste få träffa honom. Jag vet, att han är här."

Tjänaren lyckades tydligen inte hindra kvinnan, för rätt som det var kom hon instörtande i rummet, där vi låg till bords. Hon såg helt förtvivlad och förstörd ut. Det långa mörka håret var i full oordning och tårarna strömmade utför hennes kinder. "O, Mästare, hjälp mig", bad hon förtvivlad och kastade sig på golvet framför fötterna på Jesus. Hon upprepade: "O, Mästare, hjälp mig", och tårarna fortsatte att strömma utför hennes kinder och föll nu ner på Jesu fötter. Då tog hon sitt långa hår och torkade dem omsorgsfullt. Sedan kysste hon dem. Så tog hon fram en flaska med den finaste, mest välluktande och dyrbaraste olja man kan tänka sig. Hon hällde av oljan i sina händer och smorde fötterna med den.

Det var alldeles tyst i rummet. Ingen sa något. Alla stirrade vi på kvinnan och på Jesus. Simon såg sur ut. Det syntes på honom, att han tyckte, att Jesus skulle köra iväg henne. Simon såg ut att själv vilja göra det. Men han kom sig tydligen inte för. Han bara såg mer och mer ogillande ut. Han trodde nog, att Jesus inte begrep, att det var en kvinna, som gjort mycket som var fel och som Simon tyckte, att Jesus inte borde befatta sig med. Jesus såg hans ogillande min. Han vände sig till honom och sa:

"Simon, jag har något att säga dig."

"Säg det, mästare", sa han.

"Två män hade lånat pengar, den ene femhundra denarer, den andre femtio. Men det visade sig att de inte kunde betala tillbaka. Den som lånat ut pengarna efterskänkte då skulden för dem båda. Vem av dem kommer att bli tacksammast?"

Simon svarade: "Den som fick mest efterskänkt, skulle jag tro."

"Du har rätt", sa Jesus och vänd mot kvinnan sa han till Simon:

"Se, vilken kärlek denna kvinna visat mig. När jag kom in i ditt hus, gav du mig inget vatten till mina fötter. Men denna kvinna har vätt mina fötter med sina tårar och torkat dem med sitt hår. Du gav mig ingen välkomstkyss, men hon har kysst mina fötter hela tiden sedan jag kom hit. Du smorde inte mitt huvud med olja. Men denna kvinna har smort mina fötter. Vem har visat mig mest kärlek? Denna kvinna har gjort många misstag. Det vet både du och jag. Men hon har också visat mycket kärlek."

Och så vände han sig till kvinnan och sa:

"Det felaktiga du har gjort är förlåtet. Du kan börja på nytt."

Börja på nytt! Orden ljöd som musik i kvinnans öron. Börja på nytt! Ja, minsann, det skulle hon göra. Det var inte för sent. Det gamla var gammalt. Nu skulle det nya börja. Kvinnans ögon började lysa med en ny glans. En glans av hopp och livsmod."

Ännu flera minnen

Att hitta rätt i livet

"Ja, jag är tacksam över den chans jag fick att börja på nytt", tar Matteus vid och fortsätter berätta:

Tullindrivaren Matteus kallas

"Makt och pengar hade jag lyckats skaffa mig på att vara tulltjänsteman. Precis som Sackaios. Men det hade inte gjort mig heller lyckligare.

Jesu ord om "Vad hjälper det en människa om hon vinner hela världen men får betala med att mista sig själv?", passade perfekt in på mig.

Visst hade jag skaffat mig makt, och visst hade jag blivit rik. Och det var ju det jag hade strävat efter. Men sättet jag hade blivit det på? Det hade inte generat mig, varken att ta upp tull åt romarna eller att ta ut oskäligt stor vinst för egen räkning.

Men till slut började jag må dåligt av det. Inte minst när jag såg alla fattiga och nödlidande människor runtomkring mig. Jag kände skam inför de människor, som hade blivit offer för min girighet. Det var ju visserligen lagligt det jag hade gjort, men det var inte desto mindre både hänsynslöst och kärlekslöst. Jag trivdes inte med mig själv. Jag började känna mig utanför. Jag tyckte inte jag hörde hemma någonstans. Och det var mitt eget vinstintresse, ja, min egen girighet, som hade placerat mig där. Det kändes, som om jag hade missat hela poängen med det riktiga livet. Hur skulle jag ta mig in i gemenskapen igen?

Då kom Jesus och gav mig erbjudandet: "Följ mig!" Och jag tvekade inte. Jag tog chansen direkt och tackade "ja".

Jag har varit hans lärjunge sedan dess. Och det vill jag fortsätta att vara, även nu när han har lämnat oss och vi ska klara oss själva och gå ut och visa och berätta för andra vad vi har lärt oss.

Ja, att ge varandra chansen att börja på nytt och att hjälpa varandra att hitta rätt i livet känns viktigt för mig, att vi strävar efter", avslutar Matteus.

"Jesus ville, att människor skulle växa och utvecklas hela livet", slår Maria fast. "De som varit offer för förtryck, ville han hjälpa att växa och inte låta sig utnyttjas. De som varit förtryckare gav han också chansen att växa och sluta utnyttja andra. Ömsesidighet skulle man kunna kalla hans budskap om ett bättre liv för alla", sammanfattar hon.

"Befria från förtryck, både det egna och andras, bota från sjukdom och lidande och kämpa mot orättvisor, det gjorde Jesus och det måste vara vår uppgift också", säger Petrus

"Och i denna uppgift får vi inte bli fega och anpassa oss till det som är orättfärdigt. Vi ska försöka ta Jesu ord och liv på allvar. Vi som ställer upp på Jesus, får inte tappa bort att sträva efter att vara, som han sa "jordens salt" och" världens ljus". Vi måste våga säga emot, när vi ser sådant som är fel, och stå upp för den kärlekens väg, som Jesus har visat oss och som vi tror på, annars blir vi som salt som mist sin sälta och ljus som man satt något över för att dölja dess sken", kompletterar Maria.

Inte släppa målet ur sikte

"Det är viktigt att inte släppa målet ur sikte",
fortsätter Petrus. "Jag minns alldeles särskilt,

den gången, när Jesus ville vara för sig
själv en stund och bett oss lärjungar att
ro i förväg över sjön. Det var sent, när vi
gav oss iväg, och på natten började det
blåsa hårt, vågorna gick höga, vi hade
motvind och fick kämpa hårt. Vi började
tvivla på, att vi skulle klara oss. Vi var
verkligen rädda.

Då, strax före gryningen, fick vi se någon
komma mot oss, gående på sjön, såg det
ut som.

Det är omöjligt, tror jag vi alla tänkte, och
några av oss skrek till av rädsla. Då hörde
vi Jesus säga: "Lugn, det är jag. Var inte
rädda."

När jag då sa: "Herre, om det är du, så säg
åt mig att komma till dig", så sa han:
"Kom!"

Jag steg ur båten och gick emot honom. Hela tiden hade jag målet i sikte.

Helt plötsligt blev jag medveten om vad jag gjorde. Jag såg hur det blåste, och jag blev rädd. Jag tänkte: 'Det här är omöjligt. Det här kan ju inte jag.'

Och i detsamma kunde jag det inte heller. Jag kände, hur jag sjönk och höll på att uppslukas av vågorna. Jag ropade: "Herre, hjälp mig!"

Jesus sträckte genast ut handen och grep tag i mig. "Du måste tro", sa han. "Varför tvivlade du?"

Vi steg i båten. Vinden la sig. Kaosmakterna var besegrade. Vi lärjungar utbrast spontant:

"Du måste vara Guds son!"

När jag tänker på detta, så tänker jag på, hur viktigt det är att inte släppa målet ur sikte, nämligen den väg till kärlek och gemenskap, som Jesus visat oss."

Alla är lika viktiga

"Nu kommer jag att tänka på den där gången, då Jesus blev så besviken och arg på oss lärjungar", säger så Johannes. "Den gången får vi inte heller glömma, så att vi inte gör om samma misstag.

Jesus välsignar barnen

Det var vid ett tillfälle när vi var på vandring på väg till Jerusalem. Med jämna mellanrum hade vi blivit uppehållna av människor, som ville ha hjälp. De ville bli botade från alla möjliga sjukdomar. Och de ville fråga om allt möjligt.

Jesus botade och han undervisade. Han gav sig tid med alla. Till slut började vi lärjungar känna oss försummade. Vi ville ha Jesus för oss själva utan en massa människor som trängde sig på hela tiden. Vi var väl trötta helt enkelt.

Så när vi på håll fick se en massa mammor med sina barn på väg mot oss, så blev vi inte glada. Tvärtom. Vi förstod, att mammorna ville, att Jesus skulle välsigna deras barn, att han skulle lägga händerna på deras huvud, be för dem och önska dem välgång i livet. Alla mammor vill ju sina barns bästa. Att få dem välsignade av Jesus och få hans önskan om välgång i livet för barnen kändes viktigt för dem.

Jag skäms nu, när jag tänker på det, men vid det här laget, så var vi så trötta på alla människor, som tog upp Jesu tid och intresse. Vi ville ha honom för oss själva en stund. Dessutom behövde Jesus vila och äta. Och vi också. Och så var de ju bara barn, tänkte vi. Många var de dessutom. Inte hade de fyllt tolv år heller. De var inte så viktiga, tyckte vi. Det var ju först vid tolv år, som man räknades, som man var viktig, som man själv skulle ta ansvar för att t.ex. hålla buden. Så vi bestämde oss för att försöka mota bort mammorna med barnen. Vi tyckte att Jesus hade viktigare personer att vara med, oss själva till exempel. Så vi gjorde vad vi kunde för att hindra barnen och mammorna att komma fram till Jesus. Men mammorna var ivriga och försökte tränga sig fram. Men vi gav oss inte. Vi ställde oss i vägen och gjorde allt vad vi kunde för att mota bort dem.

Men det skulle vi inte ha gjort. Jesus blev väldigt upprörd. Ja, rentav arg och inte minst – besviken. Han tyckte, att vi inte hade fattat någonting av vad han hade försökt lära oss, när vi kunde göra på det sättet.

Och han sa:

"Låt barnen komma till mig och hindra dem inte, ty Guds rike hör sådana till.

Jag ska säga er, att den som inte tar emot Guds rike som ett barn, kommer aldrig in i det."

Och han tog upp barnen i sin famn. Och han la händerna på dem och välsignade dem.

Och där stod vi och kände oss dumma.

Vad jag tänker på som viktigt att komma ihåg, är, att alla är lika viktiga, oavsett ålder: barn, unga, medelålders, gamla. Vi får inte mota bort varandra, alla är lika välkomna att ta plats i gemenskapen, ingen är förmer än den andre", avrundar Johannes. "Låt oss aldrig glömma det".

Maria minns

Jesu mor, Maria, har suttit tyst och lyssnat, när lärjungarna i tur och ordning berättat om händelser, som känts viktiga för dem. Nu när alla suttit och erinrat sig, vad Jesus sagt och gjort, så är det som om ett mönster tydligt framträder. Till exempel, att alla har lika värde, att kvinnor och män ska vara jämställda, att ingen får förtrycka den andre, att den som är starkare ska ha ansvar för och omsorg om den svagare.

Maria förstår, att mycket av det här måste ha känts obekvämt för dem som har makten. Många har missbrukat sin makt. En del har gjort det för egen vinning. Andra har gjort det för att de inte begripit bättre. Men gemensamt för dem har varit, att de varit rädda för att förlora sin makt på grund av Jesus. Därför har de velat göra sig av med honom.

Maria känner sig stolt över sin son. Hon håller med honom. Hon tycker, att han har rätt.

Men hon minns också den förtvivlan hon känt först, då i början, när hon insett riskerna. Det hade varit en mors rädsla för de faror, som hennes barn utsätter sig för.

Nu tar hon till orda och säger:

"Tänk vad förskräckt jag blev när min son öppet kritiserade fariséerna. Och inte bara dem, utan även de laglärda och till och med översteprästerna. Att se upp till dem och tycka, att de alltid har rätt, är ju något man har fått lära sig. Att öppet gå emot dem och säga, att de har fel, har varit något otänkbart.

Jag måste erkänna, att, när min son gjorde det, så blev jag till en början både förskräckt och förtvivlad. Jag talade med honom och försökte få honom att sluta. Jag tyckte, att han skulle vara lite mer försiktig och anpasslig. Men det ville han inte.

Till det som är orätt får man inte anpassa sig, sa han, även om man blir obekväm och även om det är betydelsefulla personer som man kritiserar.

> Visst gjorde det ont, när han avvisade min omsorg och ängslan.

Det ska jag inte förneka. Men samtidigt var det ju riktigt. Det var hans sak som vuxen att se och välja sin väg och ta ansvar för den.

Min oro för faran, att utmana dem som har makten visade sig visserligen inte vara överdriven, tvärtom. Men – han har ändå rätt. Ja, han valde då sannerligen inte den lätta vägen", summerar Maria.

"Tänk, alltid valde han att ta parti för den som var i underläge, den som for illa, ja, den som var offer i en situation.

Han drevs av medlidande. Han verkligen led med de utsatta. Och han gjorde något åt det. Han var en verklig medmänniska.

> Redan när han var liten, märkte jag, att han hade en alldeles särskild förmåga att leva sig in i, hur andra människor hade det. Han brydde sig om dem. Han upprördes över orättvisor.

> Ett tag trodde jag att han skulle bli skriftlärd eller farisé, så mycket som han läste i våra heliga skrifter.

> Att han både kunde dem och gärna ville diskutera dem, det har jag exempel på från en av våra påskresor till templet. Fast han bara var tolv år, var han så inne i samtalen med de skriftlärda och fariséerna, att han inte märkte, när det var dags att börja hemresan.

121

Jag minns,

> att de var imponerade av hans
> kunskaper.

Men i stället för att bli en av dem, valde han att stå utanför deras krets. Och förresten anade jag från första början, att det var något speciellt med Jesus.

Redan innan jag väntade honom, hade jag en märklig upplevelse, som faktiskt också innebar att välja väg, att säga "ja" eller att säga "nej" till en kallelse. Jag minns:

> Jag var i ett tillstånd mittemellan dröm
> och verklighet. Plötsligt tyckte jag mig se
> en ängel stå där i rummet. Jag var ensam
> hemma. Så hörde jag ängeln säga: "Var
> hälsad! Gud har utvalt dig! Gud är med
> dig!"

Jag minns hur rädd jag blev och undrade vad denna hälsning betydde.

> Då sa ängeln: "Du ska inte vara rädd,
> Maria. Du har funnit nåd inför Gud. Du
> ska bli med barn och föda en son. Honom
> ska du ge namnet Jesus. Han ska bli den
> befriare ni väntat på. Han ska kallas Guds
> son."

Först kände jag mig mest förskräckt. Men sedan kände jag också en stor glädje över att ha blivit utvald till att bli mor till den väntade Messias, Guds son, och jag svarade:

"Jag vill tjäna Gud. Må det ske med mig, som du har sagt."

Jesu födelse

Lite mer än åtta månader senare var det, som den romerske kejsaren Augustus utfärdade sin bestämmelse om, att alla skulle skattskrivas. För Josef och mig innebar det, att vi var tvungna att ta oss till Betlehem. Att rida på en åsna i fem dagar, när man är i nionde månaden och snart ska föda, är både jobbigt och nervöst, kan jag lova er. Eftersom alla andra också skulle skattskriva sig, var det många människor i farten. När vi efter många vedermödor kom fram till Betlehem, så var det omöjligt att få rum någonstans. Samtidigt visade det sig, att det var dags för mig att föda. Till slut var det en värdshusvärdinna, som förbarmade sig över oss och gav oss härbärge i ett stall. Så jag fick i alla fall föda inomhus.

Jag födde en son, lindade honom och la honom i en krubba.

Herdarna

Jag hade inte hunnit pusta ut någon längre stund efter födelsen, förrän det dök upp några herdar och ville titta på barnet. De ställde sig vid krubban och tittade på den lille med sådan förundran, som om de aldrig sett en nyfödd förut.

Både Josef och jag såg väl lite frågande ut och sa kanske något. Då berättade de, att de som vanligt varit ute och vaktat sina får. Det var natt. Plötsligt hade en Guds ängel stått framför dem. De hade gripits av stor förfäran.

Men ängeln hade sagt:

"Var inte rädda! Jag bär bud till er om en stor glädje, en glädje för hela folket. I dag har en frälsare fötts åt er i David stad, han är Messias, Herren. Och detta är tecknet för er: ni ska finna ett nyfött barn, som är lindat och ligger i en krubba." Och plötsligt hade de hört en stor kör av änglar, som prisat Gud och sjungit:

Ära i höjden åt Gud

Och på jorden fred!"

Då hade herdarna sagt till varandra, att de måste gå in till Betlehem och själva se det, som de fått bud om. Och då de stod där vid krubban, hörde vi dem säga: "Nu har vi med egna ögon fått se det, som ängeln bar bud om."

De tre vise männen

Lite senare kom tre vise män från Österns länder. De sa, att de sökte judarnas nyfödde kung. De hade sett hans stjärna tändas och sökte honom nu för att hylla honom. I Jerusalem hade de fått höra, att om det var Messias de menade, så stod det i de heliga skrifterna, att han skulle födas i Betlehem. De hade fortsatt att följa stjärnan, tills den slutligen stannade över den plats, där de fann oss.

De stod länge och betraktade Jesus. Sedan öppnade de sina kistor och räckte fram gåvor: guld, rökelse och myrra. Efter all denna uppvaktning lämnade de oss för att återvända hem.

Men innan de hann påbörja sin hemresa, fick de i en dröm veta, att de skulle undvika kung Herodes, som kände sig hotad av talet om en nyfödd kung. Så de tog en annan väg hem till sitt land.

Flykten till Egypten

Josef drömde också. I hans dröm visade sig en ängel och sa: "Stig upp och ta med dig barnet och hans mor och fly till Egypten och stanna där, tills jag säger till dig, ty Herodes kommer att söka efter barnet för att döda det."

Återkomsten till Israel

Ja, så kom det sig, att Jesus kom att tillbringa sina första två år i Egypten som flykting", slutar Maria. "Först därefter kunde vi återvända, för då hade kung Herodes dött."

Till sist

När Maria slutar sin berättelse, blir det först alldeles tyst. Alla sitter och begrundar, vad de har berättat för varandra.

Så till sist tar Petrus till orda och säger: "Vi kommer att behöva mycket kraft och kärlek från Gud för att klara av det uppdrag vi fick av Jesus, när han sa till oss att vi skulle gå ut och göra alla människor till lärjungar, döpa dem och lära dem att leva så som han har lärt oss."

"Då kanske det till sist blir verklighet det han sa om sig själv, när han liknade sig vid ett vetekorn som faller i jorden och dör och ur vilket det växer upp nya ax med många nya vetekorn som blir till en rik skörd av kärlek och liv i ömsesidighet", funderar Johannes.

"Kommer ni ihåg, när vi bad Jesus, att han skulle lära oss att be?", tar Petrus vid. "Jag tycker att vi avslutar vårt samtal med den bön han lärde oss då."

Och så börjar han be och de andra läser med:

"Vår fader, du som är i himlen,
Låt ditt namn bli helgat.
Låt ditt rike komma.
Låt din vilja ske,
på jorden så som i himlen.
Ge oss i dag vårt bröd för dagen
som kommer.
Och förlåt oss våra skulder,
liksom vi har förlåtit dem,
som står i skuld till oss
Och utsätt oss inte för prövning,
utan rädda oss från det onda."

FÖRTECKNING ÖVER BIBELBERÄTTELSER,
som det berättas om i de olika kapitlen och med uppgift om var de står att läsa i bibeln

sida

Petrus

9

Jesus förutsäger Petrus förnekelse   9, 14
(Joh.13:36-38; Matt.26:30-35; Mark.14:26-31;
Luk.22:31-34)

Jesus fängslas   10, 22
(Joh.19:1-11; Matt.26:47-56; Mark.14:43-52;
Luk.22:47-48)

Petrus förnekar Jesus   13
(Joh.18:12-18, 25-27; Matt.26:57-75;
Mark.14:53-72; Luk.22:54-71)

Judas

15

Planer på att döda Jesus   15, 22
(Luk.22:1-9; Matt.26:1-5; Mark.14:1-2,10-11 ;
Joh.11:45-53)

Mat åt femtusen   16, 59
(Joh.6:1-15; Matt.14:13-21; Mark.6:30-44;
Luk.9:10-17)

Barabbas friges   17
(Mark.15:6-15; Matt.27:15-26; Luk.23:13-26;
Joh.18:38b-19:16)

Soldaterna hånar Jesus. Pilatus villrådighet 18
(Mark.15:16-20; Matt.27:27-31; Joh.18:38b-19:17)

Intåget i Jerusalem   19, 61
(Mark.11:1-10; Joh.12:12-13; Matt.21:1-11;
Luk.19:28-19:41)

Templet rensas   20
(Mark.11:15-19; Matt.21:12-17; Luk.19:45-48;
Joh.2:13-22)

Jesus och Nikodemus   21
(Joh.3:1-21)

Jesus fängslas   22, 10
(Luk.22:47-48; Joh.18:1-11; Matt.26:47-56;
Mark.14:43-52)

Den sista måltiden. Jesus utpekar   23
förrädaren
(Luk.22:14-23; Matt.26:20-29; Mark. 14:17-26;
Joh. 13:18-30)

Johannes   **25**

Jesu död   26
(Joh.19:25-27, 30, 31-36; Matt.27:45-56;
Mark.15:33-41; Luk.23:55-24:12)

Korsfästelsen   26
(Luk.23:39- 43; Matt.27:32-44; Mark.15:21-32;
Joh.19:17-27)

Jesus i Getsemane   27
(Matt.26:36-46; Matt.14:32-42; Luk.22:39-46)

Jesus talar om sin död   29, 127
(Joh.12:27)

Maria Magdalena   **31**

Jesu död   31
(Joh.19: 31-36)

Gravläggningen   31
(Joh.19:38-42; Matt.27:57-61; Mark.15:42-47;
Luk.23:50-44)

Jesus och Nikodemus   31, 21
(Joh.3:1-21)

Kvinnorna som följde med Jesus   32
(Luk.8:1-3)

Kvinnorna vid graven   33
(Mark.16:1-8; Matt.28:1-15; Luk.23:55-24:12;
Joh.20:1-10)

Maria från Magdala och två lärjungar   34
vid graven
(Joh.20:1-10; Matt.28:1-10; Mark.16:1-8;
Luk.23:55-23:12)

Maria från Magdala och Herren   35
(Joh.20:11-18; Mark.16:9-11)

Tomas 37

Den uppståndne visar sig 37
(Mark.16:9-11; Joh.20:19-23; Luk.24:49)

Två lärjungar på väg till Emmaus 38
(Luk.24:13-35)

Tomas tvivlar 40
(Joh.20:24-29)

Vägen till fadern 41
(Joh.14:1-13)

Upprättelse för Petrus 43

Johannes Döparen 47, 87
(Luk.3:1-14)

Den uppståndne och lärjungarna vid 49
Tiberiassjön (Joh.21:1-14)

Den uppståndne och Petrus 50
(Joh.21:15-17)

Jesus lämnar dem 52

Den uppståndne visar sig 52
(Luk.24:49; Mark.16:9-11; Joh.20:19-23)

Himmelsfärden   52
(Luk.24:50-52)

Jesu sista befallningar   52
(Apg.1:8)

Den heliga Ande   53

Den heliga Ande   53
(Apg.2:1-11)

Petrus tal på pingstdagen   54
(Apg.2:22-24, 33, 37-39)

De troendes gemenskap   55
(Apg.2:41)

Tid till eftertanke   56

Jesus sänder ut sina lärjungar   56, 127
(Matt.28:18-20)

Jesu dop   57
(Luk.3:21-22; Matt.3:13-17; Mark.1:9-11)

Jesus frestas   58
(Luk.4:1-13; Matt.4:1-11; Mark.1:12-14)

Jesus fängslas   58
(Luk.22:47-53; Joh.18:1-11;Matt.26:47-56;
Mark.14:43-52)

Mat åt femtusen 59, 16
(Joh.6:1-15; Matt.14:13-21; Mark.6:30-44;
Luk.9:10-17)

Jesus tvättar lärjungarnas fötter 59
(Joh.13:4-17)

Intåget i Jerusalem 61, 19
(Joh.12:12-13;Matt.21:1-11; Mark.11:1-10;
Luk.19:28-40)

Vem är störst bland lärjungarna 62
(Luk.22:24-26)

Mer eftertanke **63**

Jesus och den samariska kvinnan 63
(Joh.4:1-42)

Hos Marta och Maria 66
(Luk.10:38-42)

Änkans son i Nain 67
(Luk.7:11-17)

Den barmhärtige samariern 69
(Luk.10:25-37; Matt.22:34-40; Mark.12:28-34)

Lärjungarna fortsätter att minnas **74**

Den rike mannen 74
(Luk.18:18-25; Matt.19:16-30; Mark.10:17-31)

Frågan om det viktigaste budet 78, 68, 76
(Matt.22:34-40; Mark.12:28-31; Luk.10:25-28)

Fler liknelser om himmelriket 79
(Matt.13:44)

Skatter i himlen 79
(Matt.6:19-21; Matt.13:44-46)

Vingårdsarbetarnas lön 80
(Matt.20:1-16)

Gör er inga bekymmer 81
(Matt.6:25-34; Luk.12:22-31)

Gud och Mammon 81
(Matt.6:24; Luk.16:13)

Den gyllene regeln 82
(Matt.7:12; Luk.6:31)

Lärjungarna minns mer 83

Lärjungarna plockar ax på sabbaten 83
(Matt.12:1-8; Mark.2:23-28; Luk.6:1-3)

Mannen med en förtvinad hand 85
(Matt.12:9-14; Mark.3:1-6; Luk.6:6-11)

Tullindrivaren Sackaios 86
(Luk.19:1-10)

Johannes Döparen 87, 47
(Luk.3:1-14)

Fler minnen och tankar 92

Den förlorade sonen 93
(Luk.15:11-32)

Det förlorade fåret 103
(Luk.15:1-7; Matt.18:12-14)

Kvinnan som smorde Jesu fötter 105
(Luk.7:36-50)

Ännu flera minnen 110

Tullindrivaren Matteus kallas 110
(Matt.9:9-13)

Lärjungeskapets krav 110
(Luk.9:25)

Saligprisningar 112
(Matt.5:13-16)

Jesus går på vattnet 113
(Matt.14:22-33)

Jesus välsignar barnen 115
(Mark.10:13-16; Matt.19:13-15; Luk,18:15-17)

Maria minns 119

Jesu verkliga släktingar 120
(Luk.8:19-21; Matt.12:46-50; Mark.3:31-35)

Den tolvårige Jesus i templet 121
(Luk.2:41-52)

Budskapet till Maria 122
(Luk.1:26-38)

Jesu födelse 123
(Luk.2:1-7)

Herdarna 124
(Luk.2:8-20)

De tre vise männen 125
(Matt.2:1-12)

Flykten till Egypten 126
(Matt.2:13-15)

Återkomsten till Israel 126
(Matt.2:19-23)

Till sist **127**

Jesus sänder ut sina lärjungar 127, 56
(Matt.28:18-20)

Jesus talar om sin död 127, 29
(Joh.12:24)

Om allmosor, bön och fasta 128
(Matt.6:9-13)

Överensstämmelse mellan

Samhällsmål så som de anges i Läroplan (Lpo 2011)	och	Berättelser om och av Jesus
Solidaritet med svaga och utsatta Fostran till ansvarstagande		Jesus frestas Tvättar lärjungarnas fötter Brödet och fiskarna Johannes Döparen Tullindrivaren Matteus kallas
Främja förståelse för andra människor och förmåga till inlevelse Fostran till generositet		Brödet och fiskarna Vingårdsarbetarnas lön Sackaios Jesus och barnen
Alla människors lika värde Människolivets okränkbarhet Aktning för varje människas egenvärde		Den barmhärtige samariern Den förlorade sonen Det förlorade fåret Vingårdsarbetarnas lön

Jämställdhet mellan kvinnor och män	Kvinnan vid brunnen
Individens frihet och integritet	Marta och Maria
	Kvinnan med oljan
	Jesus och änkan
	Den rike mannen

Fostran till tolerans	Den barmhärtige samariern
Respekt för de mänskliga rättigheterna	Kvinnan vid brunnen
Fostran till rättskänsla	Tullindrivaren Matteus kallas